Wir bedanken uns bei

Bastian
Clara
Gabi
Igor
Jessica
Jochen
Jonas
Kevin
Markus
Meta
Miriam
Lisanne
Paul
Sarah
Silke
Thilo
Veronika

Annette Kitzinger
Ursi Kristen
Irene Leber

Jetzt sag ich's Dir auf meine Weise...

Erste Schritte in Unterstützter Kommunikation mit Kindern

Illustrationen
von Annette Kitzinger

von Loeper Literaturverlag

Die Deutsche Bibliothek – CIP Einheitsaufnahme
Ein Titeldatensatz für diese Publikation ist bei
Der Deutschen Bibliothek erhältlich

Gehen Sie uns "ins Netz"!
Besuchen Sie uns im Internet unter
www.vonLoeper.de
sowie unter www.sonderpaed-forum.de

Gerne senden wir Ihnen ausführliche Informationen zu unserem Verlagsprogramm zu.

Originalausgabe
2. Auflage 2004

Gesamtherstellung und Vertrieb:
Ariadne Buchdienst,
Kiefernweg 13, 76149 Karlsruhe
Tel. (0721) 70 67 55
Fax (0721) 78 83 70
E-Mail: Info@vonLoeper.de
Internet: www.vonLoeper.de
ISBN 3-86059-137-1

Inhaltsverzeichnis

Vorwort von Annette Kitzinger

Im Mitteilungsheft meiner Tochter fand ich heute einen Eintrag ihrer Erzieherin: "nach dem Essen holte sich Meta alleine die Bildkarte "Schlafen" und zeigte uns damit, dass sie nun in ihr Bett gebracht werden möchte." Das hatte sie bisher noch nie gemacht! Ich freue mich über diesen kleinen Fortschritt und denke an die Zeit zurück, in der wir mit Unterstützter Kommunikation begannen, in der die Idee zu diesem Buch entstand.
Kurz vor Metas drittem Geburtstag äußerte ein Arzt eine Vermutung über die Art ihrer Behinderung. Diese Vermutung konnte zwar bis heute weder bestätigt noch sicher ausgeschlossen werden, brachte uns aber dennoch ein großes Stück voran: Als ich im Internet nach Informationen über das Behinderungsbild suchte, erfuhr ich zum ersten mal etwas von Unterstützter Kommunikation. Ich las, dass man bei amerikanischen Kindern, die wie meine Tochter nicht sprechen können, schon sehr früh mit Unterstützter Kommunikation beginnt, und selbst eine sehr schwere Behinderung schien nicht dagegen zu sprechen. Ich hatte das Gefühl, endlich gefunden zu haben, wonach ich lange schon suchte. Kommunikation hielt ich immer für grundlegend, und es enttäuschte mich, dass sie in der Frühförderung meiner Tochter bisher kaum eine Rolle spielte.

Hoffnungsvoll begab ich mich also auf die Suche nach erfahrenen Therapeuten. Ich telefonierte mit vielen Logopäden und Ergotherapeuten und fragte auch im heilpädagogischen Kindergarten nach, den meine Tochter besuchte. Die meisten hatten noch nie von Unterstützter Kommunikation gehört und niemand hatte Erfahrung! Die Heilpädagogin im Kindergarten konnte ich mit Internetausdrucken zwar interessieren, und ein einmaliger Termin mit einer Beratungsstelle für Unterstützte Kommunikation gab unseren Bemühungen erste Impulse. Trotzdem blieben viele Fragen offen und immer wieder wurden neue Bedenken geäußert, ob meine Tochter nicht zu jung oder zu stark behindert sei, und ob Unterstützte Kommunikation im Kindergartenalltag überhaupt zu realisieren ist. Während sich zu hause langsam die ersten Erfolge abzeichneten, wurden im Kindergarten alle Bemühungen bald wieder eingestellt.

Schließlich wandte ich mich an Ursi Kristen, die ich als Autorin über Unterstützte Kommunikation bereits kannte und fragte sie, ob sie mir Literatur empfehlen könne. Mir waren zwar Bücher bekannt, die die Möglichkeiten und Formen Unterstützter Kommunikation in ihrer Breite erläuterten – jedoch keins, was detailliert genug auf die besonders schwierigen ersten Schritte einging, was Argumente und am besten auch noch leicht umsetzbare Ideen für zu hause und den Kindergarten lieferte. Ursi antwortete mir, dass es leider keine spezielle Literatur dazu gäbe, dass sie sich selbst in ihrer Beratungstätigkeit aber schon oft eine solche Broschüre gewünscht hatte und, dass es an der Zeit wäre, sie zu schreiben! Ich wartete also gespannt auf ihren ersten Entwurf, den sie mir zum Lesen schicken wollte.

Irgendwann hatte ich begonnen, meine ersten Erfahrungen und mühsam zusammen gesuchten Informationen über Unterstützte Kommunikation ins Internet zu stellen. Als ich den ersten Textentwurf erhielt, staunte ich: mein Name stand mit auf dem Deckblatt, im Text fand ich Auszüge aus meiner Internetseite wieder, und Ursi war es gelungen auch Irene Leber als Mitautorin zu gewinnen. Das Internet spielte bei unserer weiteren Arbeit eine wichtige Rolle: per E-Mail schickten wir drei Autorinnen uns die überarbeiten Texte zu, und viele Probleme und Beispiele, die uns Eltern einer Mailgruppe mitteilten, flossen mit ein.

Nach fast drei Jahren ist dieses Buch nun endlich fertig geworden. Wenn es uns gelingt, Eltern und anderen Bezugspersonen behinderter Kinder Mut zu machen und zu helfen, mit Unterstützter Kommunikation zu beginnen oder weiterzumachen, hat sich die Arbeit gelohnt. Es ist wunderbar mitzuerleben, wie ein scheinbar sprachloses Kind Schritt für Schritt lernt, sich mitzuteilen, über sein Leben – so weit es geht – selbst zu bestimmen!

Vorwort von Irene Leber

Endlich beenden wir unsere Arbeit auch wenn wir noch viele Jahre weiter schreiben, verbessern und fotografieren könnten.

Es gibt viele Eltern und Bezugspersonen, die den Eindruck haben, Unterstützte Kommunikation sei nur etwas für Menschen, die auf komplizierte Weise hochintelligente Sachverhalte mitteilen wollen. Wir wollten an vielen vielen Beispielen zeigen, wie glücklich es machen kann, erste Schritte in der Unterstützten Kommunikation zu gehen. Wir wollten zeigen, wie wichtig es sein kann, wenn ein Kind das erste Mal prustet, um auf seine Weise zu sagen, dass es noch einmal Seifenblasen sehen möchte. Das Buch soll dazu beitragen, eine gemeinsame Grundlage der Bezugspersonen zu schaffen, die dann gemeinsam das erste Prusten schätzen und sich daran freuen können.

Unterstützte Kommunikation soll keine schwierige, zusätzliche Aufgabe sein, sondern das Leben in der Familie erleichtern und bereichern. Ich hoffe, dieses Buch macht vielen Menschen Lust auf Unterstützte Kommunikation und verhilft vielen Kindern zu einem Leben mit mehr Mitbestimmung und Verständnis.

Wir haben versucht, möglichst viele Beispiele einzubringen. Dabei ist es immer schwierig, die Kinder zu beschreiben. Es gefällt uns nicht, die Kinder mit ihren Behinderungsarten zu "etikettieren". Aber wir haben leider keine andere Möglichkeit gefunden, Ihnen Identifizierungsmöglichkeiten mit den Personen in diesem Buch zu geben. Bitte bedenken sie, dass uns sehr bewusst ist, dass die Kinder nicht nur aus einer "sogenannten geistigen Behinderung" bestehen, dass sie Persönlichkeiten sind, die man auch ganz anders beschreiben könnte und dass diese "Bezeichnungen" oft nicht lange aktuell bleiben.

Ich wünsche Ihnen und Ihren Kindern viele glückliche Erlebnisse in Unterstützter Kommunikation!

Vorwort von Ursi Kristen

Dieses Buch hat eigentlich viele Autoren. An erster Stelle müsste ich die vielen Kinder und Jugendlichen nennen, von denen ich im Laufe von fast 20 Jahren gelernt habe, wie belastend eine erschwerte Kommunikation für sie und ihre Partner sein kann und wie wichtig eine erfolgreiche Kommunikation ist. Für mich war und ist es immer wieder faszinierend zu erleben, wie ein Kind durch Unterstützte Kommunikation plötzlich die Gelegenheit bekommt, mehr von dem auszudrücken, was in seinem Kopf oder in seinem Herzen ist. Und wie Eltern oder andere Bezugspersonen auf diese Weise mehr von der einzigartigen Persönlichkeit des Kindes wahrnehmen und wert schätzen können.

Seit unseren ersten Gehversuchen 1984 an der Martinsschule in Ladenburg in Richtung Unterstützte Kommunikation hat das Feld in Deutschland eine rasante Entwicklung genommen. Auf diesem Hintergrund finden sich unsere Überzeugungen und Erfahrungen, vielleicht auch manche Ideen, die noch nicht zu Ende gedacht sind, in diesem Buch wieder.

Ich wünsche Ihnen eine interessante, mitunter auch unterhaltsame, in jedem Fall aber lehrreiche Lektüre.

Annette Kitzinger
Jahrgang 1966, 2 Kinder, Diplomdesignerin mit dem Schwerpunkt Spielmittel, freischaffende Grafikerin. Seit 1999 Praxis in Unterstützter Kommunikation mit Tochter Meta, die mit Behinderung und ohne Lautsprache lebt. Gründung einer Eltern-Internet-Gruppe für Unterstützte Kommunikation und Veröffentlichung von Erfahrungsberichten, ISAAC-Mitglied.

Ursi Kristen
Jahrgang 1948, 3 Kinder, Sonderpädagogin, beschäftigt sich seit 1984 mit Unterstützter Kommunikation in Theorie und Praxis. Zusatzqualifikationen in Spieltherapie, Klientenzentrierter Gesprächsführung und Personzentrierter Beratung. Zahlreiche Veröffentlichungen zum Thema Unterstützte Kommunikation. Beiträge zu internationalen Tagungen und Kongressen. Durchführung von Seminaren für Unterstützte Kommunikation. Seit 1990 ehrenamtliche Mitarbeit bei ISAAC. ISAAC-Referentin. Seit 1993 Mitarbeit an einer Beratungsstelle für Unterstützte Kommunikation.

Irene Leber
Jahrgang 1961, 2 Kinder, Sonderpädagogin an der Schule für Körper- und Mehrfachbehinderte mit Kindergarten und Beratungsstelle für Unterstützte Kommunikation in Pforzheim. Beschäftigt sich seit 1988 mit Unterstützter Kommunikation in Theorie und Praxis. Zahlreiche Veröffentlichungen zum Thema Unterstützte Kommunikation. Beiträge zu Tagungen und Kongressen. Durchführung von Seminaren für Unterstützte Kommunikation u.a. auch Kurse für Eltern von Kindern mit Behinderung. Ehrenamtliche Mitarbeit bei ISAAC und ISAAC-Referentin

Erster Teil

Warum ist Kommunikation überhaupt so wichtig?

Kommunizieren können bedeutet, dass wir anderen Menschen etwas über uns mitteilen und dass wir auch von anderen etwas erfahren können. Wir erzählen einer Freundin von unseren Wünschen und Bedürfnissen und von unseren Erlebnissen. Wir erkundigen uns am Fahrkartenschalter nach den Reisezeiten. Kinder sprechen mit ihren Bezugspersonen über Dinge, die sie beobachten, sie kommentieren Situationen und formulieren ihre Meinung über aktuelle Themen, sie streiten und versöhnen sich. Und vor allen Dingen stellen Kinder Fragen über Fragen und lernen auf diese Weise Begriffe, Zusammenhänge und Geschichten über die Welt.
Durch Kommunikation gestalten wir unsere Beziehungen. Indem wir miteinander reden, lernen wir uns und andere besser kennen. Um ein selbst bestimmtes Leben zu führen, ist es wichtig, die eigenen Wünsche der Lebensgestaltung differenziert ausdrücken zu können. In der Kommunikation zeigen wir unser Denken und unsere Fähigkeiten. Schon sehr früh lernt ein Kind, dass es durch Kommunikation seine Umwelt verändern und beeinflussen kann.

Wie wird Kommunikation gelernt?

Kinder ohne Behinderung lernen täglich, welche Wirkung sie über die Kommunikation auf ihre Umgebung haben. Schon das Baby macht die Erfahrung, dass seine Eltern seine Signale bemerken und ihnen eine Bedeutung geben. Lisa, 3 Monate, z.B. strampelt und kreischt fröhlich beim gemeinsamen Kitzelspiel. Ihr Vater interpretiert ihr Verhalten als "Das gefällt mir, mach es noch mal!". Bald lernt Lisa ihre bisher ungezielten Äußerungen zu differenzieren und ganz gezielt einzusetzen, um eine bestimmte Wirkung zu erzielen.

Kinder lernen Kommunikation durch eindeutige Rückmeldungen der Umwelt auf ihre Äußerungen oder ihr Handeln:

- *Jens sitzt in der Schaukel und sieht seine Erzieherin an – er wird angeschubst*
- *Martina drückt auf einen Taster - die Musik geht an*
- *Sibille zieht ihren Papa am Ärmel – er lässt sie an dem Eis lecken*

- *Jutta macht ein Geräusch - sie bekommt noch einen Schluck Saft*
- *Maria lautiert – jemand kommt und nimmt ihre Hand*
- *Ayhan macht den Mund auf – erst dann kommt ein Löffel mit Essen in ihren Mund*
- *Danny haut auf den großen Ball – er wird wieder darauf gewippt*
- *Emir weint – jemand tröstet ihn*

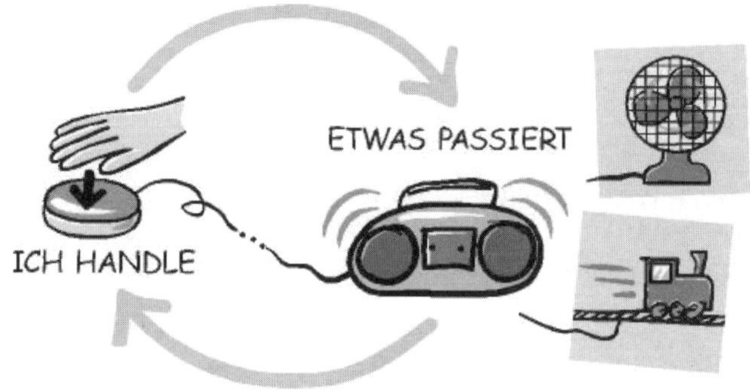

Die Erfahrung "In einer bestimmten Situation folgt immer eine bestimmte Reaktion auf mein Handeln oder meine Äußerungen", schafft bei Kindern die Erfahrung "ich kann Menschen und meine Umwelt beeinflussen". Kommunikation lohnt sich!

Wird Kindern die Möglichkeit gegeben, ihre Erfahrungen selbst mitzubestimmen, sie zu bewirken oder auch sie zu beenden, können sie lernen, ihre Äußerungen zu differenzieren und ungezielte Äußerungen werden zu gezielten Äußerungen. Aus dem nicht absichtlichen Kommunizieren wird nach und nach ein absichtliches Kommunizieren oder wie man es auch nennt: eine intentionale Kommunikation.

Warum kann Kommunikation scheitern?

Für Kinder mit einer Behinderung ist es viel schwieriger, anderen Menschen zu zeigen, was sie möchten oder auch was sie nicht möchten: ihre Äußerungen sind oft schwieriger wahrzunehmen und zu verstehen. Daher werden sie leichter übersehen oder missverstanden. Oft fehlt in der aufwendigen Pflege des Kindes auch die nötige Zeit und Energie, sich auf ihre Äußerungen zu konzentrieren. Manchmal sind bei einem Kind zusätzlich auch die nonverbalen Kommunikationsmöglichkeiten so stark eingeschränkt, dass die Bezugspersonen es kaum schaffen, isolierte Willensbekundungen wahrzunehmen. Diese Kinder können kaum deutlich machen, was sie wirklich ausdrücken wollen.

■ *Benjamin, 2 Jahre alt mit infantiler Cerebralparese: Er möchte Kakao trinken, er bekommt von seinem Vater Milch eingeschenkt. Benjamin schreit, der Vater vermutet, dass er überhaupt nicht trinken will und stellt den Becher weg. Benjamin schreit noch mehr.*

■ *Nicole, 5 Jahre alt mit sogenannter geistiger Behinderung: Sie möchte genauso eine Mütze aufziehen, wie ihre Schwester. Ihre Erzieherin bemerkt ihren Wunsch nicht und unter ihrem Kinn wird die Kapuze zugebunden. Nicole beißt in den Arm ihrer Schwester. Die Erzieherin schimpft mit Nicole.*

■ *Mario, 7 Jahre alt mit Down Syndrom: Er möchte noch einmal das gleiche Lied von der Cassette hören. Seine Lehrerin spürt nichts von diesem Wunsch. Sie räumt den Recorder in den Schrank. Mario rennt aus dem Zimmer.*

■ *Andrea, 14 Jahre alt mit Entwicklungsbehinderung unklarer Genese. Sie sieht einen Hund auf der anderen Straßenseite und bekommt Angst. Sie beginnt zu weinen. Ihre Betreuer vermuten, dass sie nach Hause will und einer geht mit ihr zurück ins Heim. Andrea schlägt um sich und will keinen Kontakt mehr an dem Abend.*

Das sind typische Alltagssituationen für Kinder oder Jugendliche, die sich nicht oder kaum über die Lautsprache verständigen können. Sie haben Bedürfnisse und Wünsche, Gefühle und Ideen und können sie nicht eindeutig ausdrücken. Oder aber sie wählen eine Kommunikationsform, die von ihren Bezugspersonen völlig falsch verstanden oder auch oft gar nicht erst bemerkt wird. Für Benjamin, Nicole, Mario und Andrea bedeuten solche Situationen Frustration, das Gefühl von Hilflosigkeit und immer wieder die Erfahrung "Ich kann den anderen gar nicht zeigen, was ich eigentlich ausdrücken möchte!".

Welche Folgen hat es für das Kind, wenn es nicht sprechen kann?

Ein Kind, welches immer wieder die Erfahrung macht, dass es falsch verstanden oder in seinen Äußerungen nicht beachtet wird, wird sehr frustriert. Zur Bewältigung der Situation bleiben ihm nur wenige Möglichkeiten:

- es kann seine Kommunikationsbemühungen über kurz oder lang einschränken oder einstellen
- es kann durch herausforderndes, aggressives oder selbst verletzendes Verhalten versuchen, Reaktionen zu provozieren und seine Umwelt zu beeinflussen und seiner Frustration Ausdruck verleihen.

Meta (4 Jahre) schlägt ihren Kopf auf Möbel oder auf den Boden, wenn sie etwas durchsetzen möchte.

Die Tatsache, dass ein Kind sich nur wenig oder gar nicht mitteilen kann, führt zu Einschränkungen in folgenden Bereichen:

Identitätsentwicklung eines Kindes:
Das Selbstbild eines Menschen wird von seinem Handeln, seinen Äußerungen und den dadurch resultierenden Handlungen und Äußerungen seiner Mitmenschen geprägt. Kommunikation bestimmt somit wesentlich das Bild und das Selbstbild eines Menschen. Kinder die sprechen können, bringen sich ein in eine Situation, indem sie z.B. auf etwas aufmerksam machen. Claudia sagt "Mama, Hund" wenn sie einen Hund sieht. Ihr Mutter reagiert bestätigend und Claudia macht die Erfahrung, dass sie schon viel weiß. Wenn Max mit seinem Vater beim Bäcker ist, so fragt die

Verkäuferin Max "Und, was willst du?". Max kann seinen Wunsch äußern "Eine Brezel". Er macht die Erfahrung, dass er schon für sich etwas einkaufen kann. Später kann er davon sogar der Mama erzählen. Wenn ein Kind jedoch nicht über seine Wünsche und Gefühle sprechen kann, so macht es immer wieder die Erfahrung, dass die anderen Menschen es nicht verstehen. Es erlebt sich häufig als hilflos und abhängig. Man spricht in diesem Zusammenhang auch von "erlernter Hilflosigkeit".

Soziale Kontakte:
Kinder die sprechen können, sagen mit wem sie spielen wollen, wer ihnen die Tasche weggenommen hat oder wen sie zu ihrem Geburtstagsfest einladen wollen und wer ihr Freund ist. Einen Besucher können sie fragen "Wie heißt du?", "Spielst du mit mir?" oder "Hast du auch Kinder?". Über die Sprache nehmen sie Kontakt auf, schließen Freundschaften und setzen sich auch mit den unterschiedlichen Meinungen ihrer Freunde auseinander. Für kommunikationsbeeinträchtigte Kinder ist der Aufbau von sozialen Kontakten erheblich erschwert. Clara kann den Namen ihrer Freundin, neben der sie sitzen möchte, nicht sprechen. Die Erzieherin setzt sie neben ein anderes Kind. Markus möchte gerne mit Hanna auf dem Wasserbett sein, aber er kann "Hanna" nicht sprechen und hat auch kein Foto von Hanna. So liegt er schließlich neben Franz.
Die neue Praktikantin Frau Sommer begrüßt jedes Kind der Gruppe. Manuela möchte gerne wissen, ob Frau Sommer auch eine Katze zu Hause hat. Sie kann aber nicht sprechen. Die Erzieherin bemerkt am Blick von Manuela, dass sie ein Anliegen hat. Aber welches? Sie beginnt Manuela Fragen zu stellen: "Willst du etwas haben?" "Nein" "Willst du was von Frau Sommer?" "Ja" "Soll Frau Sommer hier bleiben?" "Nein" Die Erzieherin sagt zu Frau Sommer, dass Manuela sich erst langsam an neue Leute gewöhnen muss. Zu Hause schafft es Manuela, dass Ihre Mutter versteht, was sie im Kindergarten erlebt hat. Im Tagebuch stand etwas über den Besuch von Frau Sommer.
Kinder, die viel Verständnis von ihrer Familie erhalten und von ihren Eltern gut verstanden werden, geraten jedoch häufig in ein starkes Abhängigkeitsverhältnis: Sie brauchen ihre Eltern als Übersetzer und haben später umso größere Schwierigkeiten, sich von ihnen abzulösen.

Kognitive Entwicklung:
Kinder mit einer normalen Sprachentwicklung können schon früh auf Dinge, die sie wissen oder interessieren, aufmerksam machen. Sie zeigen auf das Flugzeug am Himmel und Papa sagt "Ja, da oben fliegt ein großes Flugzeug". Sie sagen "Oma, Schuhe" und hören von der Oma "Ja,

genau, jetzt ziehe ich meine Schuhe an". Das bedeutet, dass sprechende Kinder viele Gelegenheiten haben, um über die Sprache ein von ihnen gewähltes Thema anzusprechen. Die begleitenden Erwachsenen greifen das Thema auf, bestätigen, erklären, ergänzen usw. Darüber hinaus können Kinder Fragen stellen: "Wo Ball?", "Wann kommt Papa?" oder "Kann man mit einem Regenschirm fliegen?" Kommunikation ermöglicht und unterstützt auf diese Weise die kognitive Entwicklung eines Kindes.
Kinder mit Einschränkungen in der Kommunikation haben meistens erhebliche Schwierigkeiten, ihr Wissen zu präsentieren und ihre Fragen zu stellen. Sie können oft nicht sagen oder zeigen, was im Zentrum ihrer Aufmerksamkeit ist, womit sie sich gerade innerlich beschäftigen und was sie noch über ein Thema wissen wollen.

Selbstbestimmung:
"Ich will zwei Kartoffeln". "Ich will noch mehr", "Mir schmeckt das nicht", "Papa, ich möchte dein Brot versuchen" Aussagen von Kindern beim Essen.
"Jetzt bin ich dran", "Du hast gemogelt", "Spielst du noch mal?", "Sonja soll mit mir spielen" Sätze von Kindern beim Spielen.
Alle Äußerungen bieten den Kindern die Gelegenheit, anderen Menschen zu sagen, was sie gerne möchten oder auch nicht möchten. Und selbst wenn ein Kind nicht erhält, was es möchte, so hat es doch wenigstens geäußert, was es will.

Für Kinder, die wenig oder gar nicht sprechen können, ist der Alltag gehäuft mit Situationen, in denen sie nicht das bekommen, was sie möchten oder etwas erhalten, was sie wirklich nicht wollen. Und, was noch wichtiger ist, in denen niemand merkt, dass sie überhaupt etwas wollen.
Paula hat eine Entzündung im Mundraum. Die Erzieherin von Paula bemerkt, dass Paula nichts zu trinken dabei hat. Sie holt Saft aus der Küche und beginnt Paula das Trinken zu geben. Paula wehrt sich. Die Erzieherin holt einen anderen Saft. Erst später liest sie im Tagebuch, dass Paula heute nichts trinken und essen will, weil sie Schmerzen hat.
Annika will auch eine Kette wie ihre Schwester. Sie beginnt zu schreien. Die Mutter vermutet, dass sie schlecht sitzt und legt sie auf die Matte.
Horst hat Angst vor den Hühnern bei der Oma. Er weint. Die Oma vermutet, dass Horst mal wieder nicht warm genug angezogen ist und legt ihm noch eine Decke auf die Beine.

Manche Kinder wollen auch von dem erzählen, was sie im Kindergarten oder in der Schule erlebt haben. Für diese Kinder ist es wichtig, dass sie sich verständlich machen können, damit sie die Erfahrung machen, dass eine andere Person Anteil an ihren Erlebnissen nimmt.

Veronika kommt hungrig aus der Schule. Der Grund ist schnell gefunden: Das Mittagessen hat nicht geschmeckt.
"Was gab es denn?"
"Ich kann nicht sagen, wie das heißt."

Mutter fängt an zu raten und fragt erst mal die Liste klassischer Schul-Gerichte durch.
"Nein","Nein","Nein"
Mutter: "War es ein warmes oder kaltes Essen?"
V: "Warm"
M: "Wie sieht es denn aus?"
V: "Wie Nudeln, so ähnlich"
M: "Spätzle?" V: "Nein"
M: "Ravioli?" V: "Nein"
M: "Schupfnudeln?" V: "Nein"
M: "Maultaschen?" V: "Nein"
M: "Tagliatelle?" V:"Nein"

Mutter fragt sich durch alle Nudelarten durch.

V: "Nur so ähnlich wie Nudeln!"
M: "Kochen wir das zu Hause auch?" V: "Ja"
M: "Und wem schmeckt es dann?"
V: "Papa und Dir"
M: "Den Kindern nicht?"
V: "Den Kindern nicht!"
Nach 15 Minuten haben wir die Lösung: Es gab in der Schule SAUERKRAUT!
(Irene Wimmi, Isaac-Mailingliste, 23. 10. 2002).

Welche Folgen hat es für die Bezugspersonen, wenn ein Kind nicht sprechen kann?

Für Eltern, deren Kind aufgrund einer Behinderung nicht oder kaum sprechen kann, ist es oft schwierig genau herauszufinden, was das Kind möchte oder auch, was es nicht möchte.

Besonders dann, wenn bei dem Kind zusätzlich eine Bewegungsbeeinträchtigung vorhanden ist, wissen die Bezugspersonen oft nicht, auf was das Kind zeigen oder auf was es aufmerksam machen möchte. Die Signale des Kindes sind nur schwer lesbar und interpretierbar und nicht immer eindeutig. Diese Erfahrungen können Eltern und Bezugspersonen stark verunsichern und die Kommunikation mit dem Kind deutlich erschweren.

Kommunikationsprobleme können zu einer zusätzlichen Belastung für die ganze Familie werden, wenn sich Kinder mangels kommunikativer Erfolge in sich zurückziehen und dadurch „unerreichbar“ sind, genauso aber, wenn sie sich in ihrer Kommunikation hauptsächlich auf lautes Schreien und aggressives, schwer zu interpretierendes Verhalten beschränken. Eltern, die ihr Kind verstehen möchten, brauchen sehr viel Zeit und Geduld!
Oft verstehen die Eltern ihre Kinder am besten und sind daher als Dolmetscher für die gesamte Umwelt gefragt. Zu den Belastungen durch Therapien, Sorgen um die Zukunft und den Erklärungen über die Behinderung in ihrer Umgebung kommen dann noch die Sorgen darum, dass ihr Kind nur von ihnen gut verstanden wird.

■ *Meta wird in ihrem Buggy durch die Einkaufszone geschoben. Sie beginnt zu quengeln, oft möchte sie dann Kekse knabbern, aber heute schmeißt sie die Kekse in hohem Bogen von sich und schreit noch lauter.*

Auch an der Hand laufend ist sie nicht glücklicher.

Nach etwa 20 Minuten nervenaufreibendem Schreien zerrt sie ihren Vater plötzlich zu einem Jungen, der aus einer Flasche trinkt.

Endlich wird sie verstanden und bekommt etwas zu trinken. Durch die Schreierei ist der Nachmittag in der Stadt aber verdorben.

Zweiter Teil

Was ist Unterstützte Kommunikation?

Wenn ein Kind nicht läuft, und es das Laufen aufgrund einer Behinderung nicht oder nur unzureichend erlernen kann, wird man nach Alternativen (wie z.B. einem Rollstuhl) suchen, die ihm möglichst viel Mobilität und Selbstständigkeit geben.

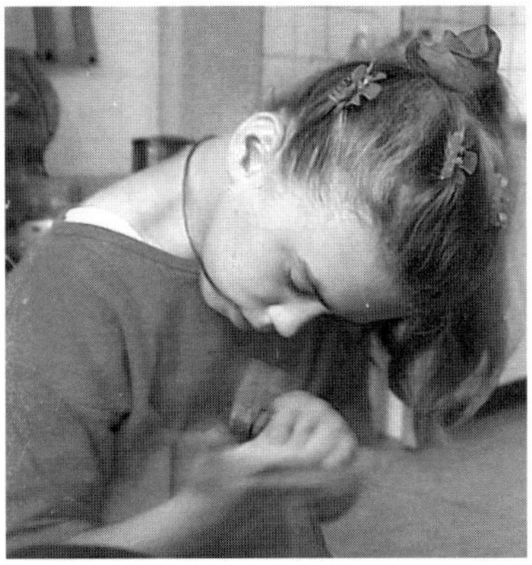

Silke kann nur wenige Worte sprechen. Auf Fragen kann sie durch das Zeigen auf ein Symbol für "ja" oder "nein" antworten. Damit Silke immer antworten kann, haben ihre Eltern die Symbole an einer Halskette befestigt.

Mit Unterstützter Kommunikation ist es ganz ähnlich: Kann ein Kind nicht oder nur unzureichend sprechen lernen, bietet man ihm Alternativen oder Ergänzungen zur eigenen Lautsprache an, um trotzdem möglichst gut kommunizieren zu können. Und das ist wichtig, denn Kommunikation ist nicht nur ein Grundbedürfnis, von ihr hängt in hohem Maße ab, wie selbstbestimmt und sozial das Leben eines Menschen verläuft.

Vor allem geistig behinderten Menschen spricht man oftmals das Bedürfnis sich mitzuteilen ab - wer nicht sprechen kann, hat nichts zu sagen!? Wenn das so wäre, würde manches Kind aber nicht schreien, wenn es nicht verstanden wird. Es würde nicht lachen, wenn es das bekommt, was es möchte und beim Falschen nicht weinen. Es würde nicht aufgeregt lautierend am Fenster stehen, wenn es draußen das erste Mal schneit.

Häufig bekommen solche Kinder selbstverständlich verschiedene Therapien verordnet, aber oft keine Unterstützte Kommunikation. Und häufig bekommen die Eltern gesagt: „Unterstützte Kommunikation? Bei ihrem Kind stehen doch erst mal ganz andere Dinge im Vordergrund!".

Mögliche Alternativen zur eigenen Lautsprache, die man unter dem Begriff Unterstützte Kommunikation zusammenfasst, reichen von einfachen Gesten, Bildern, graphischen Symbolen oder Tasterspielzeugen bis hin zu Gebärden oder technischen Kommunikationshilfen mit künstlicher Sprachausgabe. Alle Kommunikationsformen haben ihre Vor- und Nachteile, auf die im Folgenden noch eingegangen wird. Grundvoraussetzungen für Unterstützte Kommunikation gibt es keine, das Ziel ist, für jeden noch so schwer behinderten Menschen individuelle Kommunikationswege zu finden.

Wann kann ich mit Unterstützter Kommunikation beginnen?

Unterstützte Kommunikation kann nie früh genug beginnen.
Unterstützte Kommunikation fördert die persönliche Entwicklung und schafft wertvolle Grundlagen für die Sprachentwicklung. Es ist wichtig, dass kleine Kinder nicht jahrelange erfolglose kommunikative Erfahrungen mit ihren Bezugspersonen machen, die sie isolieren und mutlos machen. Es gibt sensible Phasen, in denen Kinder leicht lernen zu kommunizieren und in denen sie erfolgreiche Erfahrungen erleben sollten. Manche dieser Lernmöglichkeiten können später kaum noch nachgeholt werden.

Die Befürchtungen, die es früher gab, Unterstützte Kommunikation könne die Lautsprachentwicklung verzögern oder behindern sind inzwischen vielfach widerlegt worden. Je mehr ein Kind ausdrücken kann, egal auf welche Weise, desto mehr wird es sich ausdrücken wollen. Und dies geht nun mal mit Lautsprache am einfachsten und effektivsten.
Viele Kinder beginnen zu sprechen, wenn man ihnen erweiterte Möglichkeiten gibt und ihnen den großen Druck, sprechen zu müssen, von ihnen nimmt. So ist es bereits mehrfach bewiesen, dass Kinder durch den Einsatz von Gebärden große Fortschritte im Sprechen gemacht haben.

■ *Thilo, 5 Jahre alt mit schwerer Körperbehinderung,hatte gerade erst seinen neuen Talker in Gebrauch genommen und benutzte, als er mit seiner Familie am Esstisch saß, unter anderem das Wort "mehr". Nach einer Weile versuchte er sogar ein "m" nachzusprechen, was bisher nie vorgekommen war.*

■ *Lucie benutzt für die Wörter Schlüssel und Schule die ganz ähnlichen Wörter "Lule" und "Lulu". Seitdem sie ihr Sprechen durch Gebärden begleitet, kann sie von ihren Eltern gut verstanden werden.*

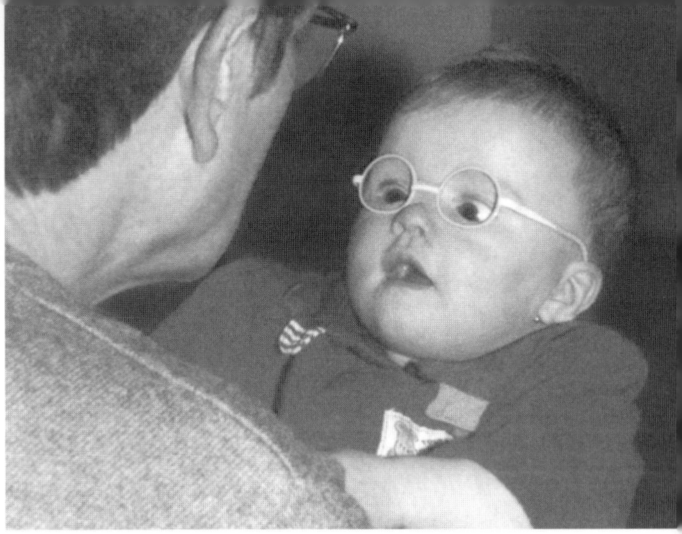

Meta, 1 Jahr alt, jetzt erst ist sie in der Lage, Blickkontakt herzustellen, andere Gesichter wahrzunehmen und auf sie zu reagieren.

Die Ergebnisse der neueren Säuglings- und Kleinkindforschung begründen, warum bei Kindern mit Kommunikationsbeeinträchtigungen schon möglichst früh nach Wegen gesucht werden sollte, den Kindern und ihren Kommunikationspartner n zu vielfältigen erfolgreichen kommunikativen Erfahrungen zu verhelfen. Das Konzept der Unterstützten Kommunikation leistet hier einen wichtigen Beitrag, in dem es für Eltern und andere Bezugspersonen Hilfen anbietet, die die Gestaltung von zufrieden stellender Interaktion und Kommunikation unterstützt.
Für den Kontakt mit behinderten oder sprachentwicklungsverzögerten Kindern ist es notwendig, dass in jeder Interaktion beim Kind von einer vorhandenen Absicht ausgegangen wird. Wir müssen uns ebenfalls so verhalten, wie wir es mit einem Säugling automatisch tun würden. Wenn wir von einer Absicht des Kindes ausgehen, lernt das Kind überhaupt etwas zu beabsichtigen.

Wozu Unterstützte Kommunikation?

Als Meta beim Einkaufsbummel Durst bekommt, kann sie sich nicht verständlich machen. Sie schreit und weist alles von sich. Erst als sie zufällig am Wegrand einen Jungen mit einer Trinkflasche entdeckt, kann sie durch Hinzeigen erreichen, dass man sie versteht. Würde Meta zum Beispiel die Gebärde für Trinken beherrschen oder sich mit einer kleinen Kommunikationstafel mit einem Bild für Trinken verständigen können, wäre sie schnell verstanden worden und hätte nicht mehr dursten müssen. Der Einkaufsbummel wäre harmonisch abgelaufen.

Unterstützte Kommunikation hilft einem Kind, seine Wünsche und Bedürfnisse eindeutiger auszudrücken.

Dieses Beispiel macht auch deutlich, dass Kinder, die nicht sprechen können, nur auf Dinge aufmerksam machen können, wenn sie sichtbar sind. Also beispielsweise kann Meta zu Hause zeigen, wenn sie etwas zu trinken möchte, weil da eine Flasche oder ein Glas steht. Viel schwieriger ist es auf etwas aufmerksam zu machen, was nicht da ist. Unterstützte Kommunikation hilft Kindern etwas auszudrücken, was sie sonst nicht deutlich machen können.

Unterstützte Kommunikation hilft einem Kind, besser zu verstehen, was (mit ihm) geschieht.

Unterstützte Kommunikation kann Kindern zeigen, dass ihre Äußerungen eine Bedeutung haben können. Und sie kann umgekehrt den Kindern auch zeigen, dass die Äußerungen ihrer Mitmenschen eine Bedeutung haben. Endlich werden die Äußerungen der Erwachsenen verständlich, und damit auch ihr Handeln. Für viele Kinder wird dann durch Ankündigungen der Erwachsenen verständlich, was als nächstes mit ihnen geschieht.

So hat Annica zum Beispiel gelernt,

- *Arme ausstrecken der Erwachsenen heißt, dass sie jetzt hochgenommen wird.*
- *"T-t" beim Essen heißt, dass sie gleich wieder ein Stückchen Brot bekommt.*
- *Das Begrüßungslied in der Einzelförderung heißt, dass sie jetzt "Hoppe-Hoppe" spielen darf und gleich schmeißt sie den Kopf zurück, um anzufangen.*

Unterstützte Kommunikation hilft einem Kind, unabhängiger zu werden.

Während es oft schon für Eltern oder nahe Bezugspersonen schwierig ist, die Bedürfnisse ihrer Kinder herauszufinden, ist dies für Personen, die die Gewohnheiten und Vorlieben des Kindes nicht so genau kennen, fast unmöglich. Unterstützte Kommunikation kann dem Kind die Möglichkeiten geben, sich auch außerhalb der vertrauten Umgebung verständlich zu machen.

Unterstützte Kommunikation hilft den Erwachsenen, das Kind besser zu verstehen und einzuschätzen.

Kann das Kind besser eingeschätzt werden, werden gemeinsame Unternehmungen und vor allem Lernbemühungen erfolgreicher und freudiger. Das Kind wird dadurch seltener über- oder unterfordert. Kann das Kind seine Erlebnisse mitteilen, fällt es den Erwachsenen viel leichter, mit seinem Verhalten umzugehen.

Unterstützte Kommunikation hilft den Erwachsenen, der Kommunikation mit dem Kind genügend Raum zu schenken

Ein behindertes Kind erfordert im Alltag oftmals viel Pflege und Betreuung, und es besteht die Gefahr, dass Fähigkeiten, in denen das Kind stark eingeschränkt ist, nicht genügend Beachtung finden. Unterstützte Kommunikation regt die Bezugspersonen des Kindes an, bewusst und gezielt nach geeigneten Kommunikationssituationen und –formen zu suchen und dem natürlichen Bedürfnis eines jeden Kindes nach Kommunikation gerecht zu werden.

Unterstützte Kommunikation hilft allen, mehr Spaß miteinander zu haben!

■ *Tom nutzt die Einzelförderstunde, um auf seiner Kommunikationstafel auf das Foto von Fabian zu zeigen. Jetzt erfährt er endlich, dass Fabian nicht seit dem Sommer krank ist, sondern in eine andere Schule gewechselt hat!*

■ *Auf der Kommunikationstafel zeigt Charlotte immer wieder wann? Ferien und bekommt anschließend gezeigt, wie lange sie noch Schule bis zu den Weihnachtsferien hat.*

■ *Emilia sagt mit ihrem Talker "Arzt" und zeigt damit, dass sie über ihren schwierigen Krankenhausaufenthalt reden will. Vor dem nächsten Besuch wird diesmal alles gründlich mit ihr besprochen.*

■ *David hat in seinen Talker einen witzigen Rap und einige Witze einprogrammiert, damit erntet er immer wieder schallendes Gelächter!*

Für wen ist Unterstützte Kommunikation geeignet?

Um mit Unterstützter Kommunikation zu beginnen, braucht man keine Voraussetzungen.
Vielmehr geht es darum, individuelle Lösungen zu finden, mit denen Kinder erste wirkungsvolle Kommunikationserfahrungen machen können. Manche Kinder "saugen" neue Kommunikationsformen regelrecht in sich auf, um sich sofort z.B. mit Gebärden, Bildern oder technischen Hilfen mitzuteilen. Andere benötigen viel Zeit und Geduld.

Unterstützte Kommunikation ist geeignet für

■ Kinder, die noch nicht sprechen können:
Lisa, 5 Jahre, hat eine kleine Kommunikationstafel mit Fotos von Personen und Bildern von Tätigkeiten, die sie mag. Außerdem lernt sie beim Gebärdensingkreis einige Gebärden. Ein Jahr später fängt Lisa plötzlich an, auch dazu zu sprechen.

■ Kinder, die schwer verständlich sprechen:
Lewin darf sich bei dem Spiel "Ich bin ein dicker Tanzbär" eine Freundin aussuchen: Er spricht so gut er kann: „Kristine". Nach dem dritten vergeblichen Versuch entscheidet er sich einfach für "Anna", weil er Annas Namen verständlich sprechen kann. Eine Kommunikationstafel hilft ihm in Zukunft, seine Wünsche nicht mehr nach seinem Sprechvermögen richten zu müssen.

■ Kinder, die vorübergehend nicht sprechen können:
Eva-Maria muss sich an den Stimmbändern operieren lassen. Eine Zeitlang wird sie nicht sprechen können. Für diese Zeit erhält sie ein elektronisches Sprechgerät, in das sie ihre Mitteilungen eintippen kann.

■ Kinder, die kein oder kaum Sprachverständnis haben.
Murat erfährt immer durch Gebärden, was mit ihm geschieht. Wenn die Erzieherin die Gebärde "einkaufen" macht, holt er schnell seine Tasche und freut sich sehr. Früher wusste er nie, wo die Gruppe als nächstes hinging...

■ Kinder, die vielleicht nie sprechen lernen:
Cosima verständigt sich mit einem komplizierten elektronischen Sprechgerät. Jetzt benutzt sie Tastenkombinationen, mit denen sie Lieder in der Klasse aussuchen kann oder sie "sagt", was sie als nächstes tun möchte. Später wird sie mit wachsenden Fähigkeiten lernen, noch viele neue Dinge auf dem Gerät für sich zu nutzen.

Welche Fähigkeiten besitzt mein Kind?

Um zu entscheiden, welche Kommunikationsformen für ihr Kind geeignet sind, ist es wichtig, sich über seine Fähigkeiten klar zu werden. So kann die Bewegungsmöglichkeit eines Beines die Grundlage für die Bedienung eines elektronischen Sprechgerätes und eines Elektrorollstuhls werden. Für ein anderes Kind können ein gutes Gedächtnis und gute Bewegungsmöglichkeiten der Hände eine gute Voraussetzung für das Lernen von Gebärden und den Gebrauch von Kommunikationstafeln oder Sprechgeräten sein.

Schreiben Sie bitte auf, ob und welche Zeichen (Gesten, Laute, Wörter...) Ihr Kind bereits benutzt, um etwas auszudrücken:

Fähigkeiten des Kindes

Name des Kindes:
Datum:

■ **kognitiver Bereich**

Was versteht mein Kind? Was kann es nachmachen? (Laute, Bewegungen)
Spielt es "essen, trinken, schlafen"? Kann es Schalter bedienen? Welche Tricks benutzt es, um sich auszudrücken? Kennt es uns oder andere Personen? Hat es ein gutes Gedächtnis – wofür?

■ **emotionaler Bereich**

Zeigt mein Kind sein Bedürfnis zu kommunizieren? In welchen Situationen möchte es am liebsten kommunizieren? Wie macht das Kind auf sich aufmerksam? Wie zeigt es, wenn es ein bestimmtes Spielzeug möchte?

■ **sensorischer Bereich**

Wie ist das Hör- oder Sehvermögen? Kann es Bilder, Fotos erkennen, in welcher Größe?

■ **motorischer Bereich**

Wie kann mein Kind sich bewegen? Könnte es Gebärden lernen? Kann es auf Bilder zeigen, Taster bedienen?

Wo setzt Unterstützte Kommunikation an?

Unterstützte Kommunikation setzt an den Interessen des Kindes an:

Alle Kinder, alle Menschen brauchen eine Motivation für ihr Handeln. Wir werden nur Personen ansprechen, von denen wir uns eine Antwort erhoffen, wir werden nur Dinge tun, von denen wir uns eine Freude oder einen Vorteil für unser Leben versprechen. Wir werden nur lernen, was uns interessiert oder was wir voraussichtlich für unser Leben brauchen.

■ *Karola, Pädagogin in einer Tagesstätte: "Um mit Kindern und Jugendlichen, die nur einen eingeschränkten Interessensspielraum und wenig Spielmöglichkeiten haben, in den Dialog zu kommen, habe ich gute Erfahrungen mit dem Musizieren gemacht (Glockenspiel, Trommel, Triangel usw.). Dies motiviert sie dazu, neben den selbst produzierten Geräuschen ihre Stimme einzusetzen, zu lautieren und nachzuahmen. Um die Bilderkennung und Bild-Gegenstand-Zuordnung zu fördern, werden parallel zu den einzelnen Musikinstrumenten auch immer die entsprechenden Bildkarten gezeigt und daneben gelegt. Mittlerweile merke ich, dass hierüber das (anfängliche Des-)Interesse an den Bildkarten gestiegen ist.*
Einige Kinder haben ganz schnell gelernt, die Bilder zum Ausdruck ihrer Interessen und Wünsche einzusetzen und können über Bildtafeln bereits selbstständig ihre Spielsituation mitbestimmen und mittels Fotos entscheiden, was sie zum Frühstück essen wollen."

Schreiben Sie zunächst die wichtigsten Interessen Ihres Kindes auf:

Interessen von: ....

Bsp.: Jasmins Interessen
Schaukeln
Musikhören
Sandspielen
Baden
In Ruhe gelassen werden
Mama und Papa
Mit Oma singen
Hund Sammi
Eis essen
Auto fahren

"Wortschatz" - Interessen meines Kindes:

		Bsp. Jasmin
Personen		Mama Papa Oma Hund
Beziehungen/Gefühle		
Grundbedürfnisse		
Eigenschaften		
Tätigkeiten/ Dinge		Baden Schaukeln Musikhören Autofahren Eis essen Sandspielen
Orte		
Zeiten/ Feste		
Gesprächsführung		Fertig
Verschiedenes		„Lass mich“

Diese Tabelle kann eine Grundlage für die "Vokabularauswahl“ Ihres Kindes in einer neuen Kommunikationsform sein.

Wie setzt man Unterstützte Kommunikation ein?

Ein Kind muss erfahren, dass es mit seiner Kommunikation eine Wirkung bzw. einen Einfluss auf seine Umgebung hat. Dazu müssen wir uns auch fragen, inwieweit wir uns von unserem Kind beeinflussen lassen wollen und was wir von dem Kind wirklich verstehen wollen:

Die Kommunikation klappt nur, wenn...
das Kind **und** ich motiviert sind!

D.H.:
*Ich will das Kind verstehen **und** das Kind will mir etwas mitteilen...*

*Ich will vom Kind **das** verstehen, **was** es mir mitteilen will...*

Das Kind ist bereit mir das zu erzählen, was ich wissen will.

Unterstützte Kommunikation kann dem Kind vielleicht folgendes ermöglichen:

- Fordern von Aufmerksamkeit
- Fordern von Gegenständen
- Fordern von Handlungen
- Protestieren
- Ereignisse kommentieren
- Erlebnisse, Gefühle und Bedürfnisse berichten
- Fragen stellen, um Klärung bitten und Fragen beantworten
- Bejahen, verneinen
- Soziale Funktionen, grüßen, beglückwünschen, verabschieden
- Persönlichkeit ausdrücken (Lügen, Spaß, Floskeln...)

Es gibt viele **Situationen im Alltag** eines Kindes, die ihm Erfolgserlebnisse in der Kommunikation verschaffen können. Oft müssen wir einfach unser Bewusstsein schärfen:

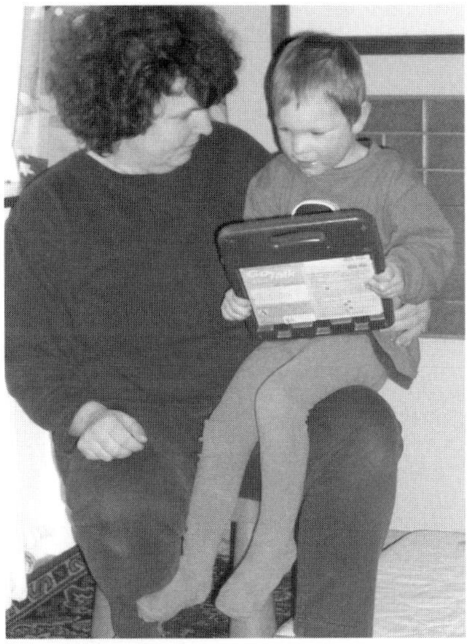

■ *Johannas Erzieherinnen haben Johannas Reaktionen ernst genommen. Beim Essen hat sie gelernt, den Kopf abzuwenden, wenn sie satt ist – früher hat sie geschrien.*

■ *Immer, wenn Gwen auf den Arm genommen wurde, haben ihre Erzieherinnen die Arme ausgestreckt und dazu gesprochen. Jetzt hat sie gelernt, manchmal selbst die Arme auszustrecken, wenn sie auf den Arm möchte.*

■ *Lisa sucht sich neuerdings beim Frühstück ihren Brotbelag mit einer kleinen Kommunikationstafel aus. Das geht schneller als vorher und Lisa kann jetzt auch Sachen auswählen, die nicht auf dem Tisch zu sehen sind.*

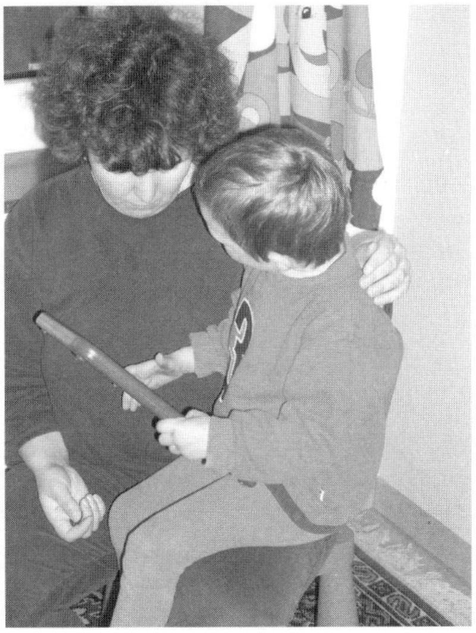

Das heißt, wir können den Alltag eines Kindes durchgehen und untersuchen, in welchen Situationen sich die Gelegenheit bietet, dass das Kind stärker mit seinen Wünschen und Ideen beteiligt oder miteinbezogen werden kann.

Wir können auch den Alltag neu überdenken und für das Kind bewusst **neue Entscheidungs- und Kommunikationsgelegenheiten schaffen**. Dabei kann es wichtig sein, Situationen zu strukturieren und dann gezielte Hilfen zu geben.

■ *Alicia hat erfahren, dass sie durchgeschüttelt werden kann, wenn sie im Liegen die Beine zu den Erwachsenen hoch streckt. Jetzt kann sie von sich aus ihre Beine in die Luft strecken, wenn sie durchgeschüttelt werden möchte.*

■ *Sven darf im Morgenkreis mit der Liedertafel aussuchen, welches Lied als nächstes gesungen wird.*

■ *Florians Mutter nimmt sich jetzt nach der Schule immer eine viertel Stunde Zeit für Florian, um ihn in Ruhe mit seinem Tagebuch und Gebärden erzählen zu lassen, was er am Tag erlebt hat.*

■ *Bisher wurde Sandra einfach von ihrem Vater morgens angezogen, was zu viel Streit geführt hat. Jetzt darf sie abends nach dem Wetterbericht mit Kommunikationstafel und vor ihrem Schrank entscheiden, was sie anziehen möchte.*

■ *Silkes Mutter hat das Symbol "Schere" vorbereitet. Sie weiß, dass Silke gerne ausschneidet. Nun hat sie Papier*

Bastian schaut mit seiner Mama ein Bilderbuch an.

Die Symbole für "umblättern" und "noch mal lesen" können helfen, dass Bastian mehr mitbestimmen kann, wie es weitergehen soll .

hingelegt, aber die Schere fehlt. Silke schaut suchend umher. "Suchst du die Schere?" fragt ihre Mutter und zeigt auf das vorbereitete Symbol?

■ *Wenn Marius vom Kindergarten nach Hause kommt, dann will er meistens ans Fenster und sehen, ob die Hühner von der Oma noch da sind. Die Mutter von Marius hat ein Foto von den Hühnern gemacht und ein zweites von seiner Lieblingskassette. Nun zeigt sie Marius beide Fotos, zeigt darauf und fragt was er zuerst möchte.*

■ *Meistens schreit Anna ziemlich laut, wenn sie etwas bekommt, was sie nicht möchte. Nun soll sie lernen, ihren Protest über ein Symbol "NEIN" auszudrücken. Morgens mag sie am liebsten Nutellabrot. Ihre Mutter legt ihr absichtlich ein Brot mit Honig hin. Daneben liegt das Symbol "NEIN". Noch bevor Anna zum Schreien ansetzen kann, zeigt ihre Mutter auf das Symbol "NEIN" und sagt "Ah, du willst das nicht. Du sagst nein". Später macht Anna´s Mutter noch weitere Dinge "falsch" damit Anna immer wieder die Gelegenheit hat "NEIN" zu sagen.*

■ *Hilli kann ihre Frühstücksdose nicht alleine öffnen. Ihre Erzieherin hat ein großes Symbol "Bitte Hilfe" gemacht. "Soll ich dir helfen?" fragt sie Hilli und zeigt auf das Symbol? Später bietet sich eine weitere Gelegenheit, als Hilli ihre Tasche nicht alleine aufhängen kann.*

Jedes Kind hat seine eigenen Interessen. So beginnen manche Kinder beim Frühstück mit einer Frühstückstafel, andere mit einer Liedertafel, andere mit der Gebärde "selber", andere mit einem Sprechgerät mit der Taste "Hau ab Mensch!" und wieder andere mit "Mama, ich mag dich".

Erst wenn ihre Bezugspersonen auf die "neuen Kommunikationsformen" reagieren und wiederholt darauf eingehen, machen die Kinder auch positive Erfahrungen, aus denen sie lernen können, dass sich ihre Kommunikationsbemühungen auch lohnen.

Nehmen Sie sich jetzt eine halbe Stunde Zeit, am besten mit jemandem gemeinsam, der Ihr Kind gut kennt. Die Antworten auf die folgenden Fragen geben Ihnen die besten Chancen, Unterstützte Kommunikation erfolgreich zu beginnen. Bitte gehen Sie in Gedanken einen Wochen- und einen Wochenendtag von 0 Uhr bis um 24 Uhr mit ihrem Kind durch.

Unser Kommunikationsalltag:

Wann und mit wem gibt es bereits positive Kommunikationsgelegenheiten, mit denen ich und mein Kind ganz zufrieden sind?

In welchen Situationen möchte mein Kind mir mehr mitteilen, als es das kann und ich möchte auch mehr von ihm erfahren? Bei welchen Tätigkeiten oder Aktivitäten im Alltag könnte es deutlicher zeigen was es möchte oder was es nicht möchte?

Gibt es Entscheidungs- oder Kommunikationsgelegenheiten für mein Kind im Alltag?
Wo und wann und mit wem gibt es sie?

Wann könnten weitere Entscheidungsgelegenheiten geschaffen werden?

Wann könnten weitere Kommunikationsgelegenheiten geschaffen werden?

Einbeziehung möglichst vieler Kommunikationspartner

Frage: **Wer macht das eigentlich, Unterstützte Kommunikation?**

Gegenfrage: **Wer macht das eigentlich, Kommunikation? Eigentlich doch alle, die mit dem Kind zu tun haben, oder?**

Unterstützte Kommunikation kann zwar von einzelnen Bezugspersonen eingebracht werden, von Beratungsstellen in Wege gelenkt und von engagierten Einzelpersonen umgesetzt werden, doch ab sofort betrifft sie alle Personen, die mit dem Kind zu tun haben, weil das Kind mit allen Personen kommunizieren möchte. Versucht jemand, sich dagegen zu verschließen, verschließt er sich auch dem Kind.

Die erweiternde Kommunikationsform sollte möglichst nicht nur von einer Bezugsperson sondern möglichst vom gesamten Umfeld des Kindes benutzt und verstanden werden. Kinder lernen in und von der Gemeinschaft – im Kindergarten, in der Schule, in der Familie. Dabei orientieren sie sich stark an Vorbildern, ahmen nach, versuchen auch die vorgelebten Kommunikationsformen zu verstehen und zu beherrschen. Es ist daher der beste und natürlichste Weg, ein nicht sprechendes Kind möglichst überall im Alltag mit seiner ihm gerecht werdenden Kommunikationsform zu konfrontieren, ihm die Möglichkeit zu geben, sich überall im Kommunizieren zu üben und sich zu verständigen.

■ *Meta zum Beispiel soll den Gebrauch von Gebärden erlernen. Die Erzieherin begleitet dazu jede Frage „Möchtest Du trinken?“ mit der entsprechenden Gebärde. Lernen die anderen Kindergartenkinder auch noch die Gebärden (zum Beispiel in einem Gebärdensingkreis) kann Meta sich auch ihnen gegenüber verständigen und von ihrem Getränk berichten. Den anderen Kindern macht das Gebärdenlernen meist sehr viel Spaß.*

Auch Metas Therapeutin gebärdet

Welche Kommunikationsformen gibt es?

Sie haben bereits in der Tabelle auf Seite 25 festgehalten, welche Fähigkeiten Ihr Kind besitzt. Nach der genauen Beobachtung der Kommunikationsformen eines Kindes stellt sich die Frage, wodurch sich die körpereigenen Kommunikationsformen des Kindes erweitern lassen. Die Auswahl der neuen Kommunikationsform richtet sich nach den Fähigkeiten des Kindes. Dann wird es diese Kommunikationsform auch leicht lernen und sie wird ihm liegen.

■ *Ben ist in einer Kindergartengruppe, die gut gebärden kann. Für ihn jedoch ist es sehr schwierig und frustrierend Gebärden zu lernen, weil er seine Hände nicht gut bewegen kann und er nicht gut sehen kann. Er braucht eine Kommunikationsform, die er hören kann, wie z.B. ein Sprechgerät.*

■ *Solveig aber, kann sich schon immer gerne und recht gut bewegen, imitiert andere und hat Spaß dabei, sich mit ihrem Körper auszudrücken. Sie wird sicher gerne Gebärden lernen, die ihr zu einer schnellen und unmittelbaren Kommunikation verhelfen können.*

Das Kind braucht vielleicht viel Zeit, um die neue Kommunikationsform gründlich zu erproben und es darf weder über- noch unterfordert werden. Stellen Sie sich vor, Sie hätten ein neues Instrument und alle würden genau beobachten, ob Sie auch gleich in der ersten Woche damit richtig spielen können...
Vielleicht wird Ihr Kind die neue Kommunikationsform zunächst scheinbar passiv verinnerlichen, bis es uns mit seinen ersten eigenen Versuchen überrascht. Hier kann es wichtig sein, es viele Wiederholungen erleben zu lassen.

■ *Meta (4 Jahre) lässt sich kaum auf von außen herangetragene Lernaufgaben ein. Neues wird oftmals erst einmal ignoriert oder abgelehnt. Lob kann sie als etwas Positives, Motivierendes empfinden, aber nur in bestimmten, meist schon vertrauten Situationen. Auf der anderen Seite lernt sie Dinge, die täglich fast nebenbei ablaufen, wie von selbst - etwa beim Anziehen das Arme in den Pullover stecken. Deshalb kann es für Meta erfolgreich sein, neue Kommunikationsmittel zunächst einmal auch ohne ihre aktive Beteiligung regelmäßig in den Alltag einzubinden: zu jeder Mahlzeit die Symbolkarten für Essen und Trinken auf den Tisch stellen, zum Wickeln die Windelkarte mit nehmen, die Frage „Möchtest Du trinken“ mit der entsprechenden Gebärde begleiten, und darauf zu vertrauen, dass sie irgendwann durch genügend Erfahrung diese Kommunikationsmittel nicht nur verstehen, sondern auch anwenden wird.*

Meta (inzwischen 6 Jahre alt) in einer Therapiestunde: über Bildkarten konnte sie zwischen verschiedenen, ihr bekannten Angeboten wählen, sie entscheidet sich für den Apfel, die Apfelkarte liegt nun vor ihr auf dem Tisch.

Die Erfahrung "Ich bewirke etwas!"

Für viele Kinder geht es erst einmal darum, zu erfahren, dass sie etwas bewirken und beeinflussen können. Sie sollen erleben, dass sie aktiv sein dürfen und über ihre Erlebnisse und über ihre Situation mit entscheiden können.

ICH ERFAHRE

- *Finn streckt seine Arme aus – er darf auf den Arm*
- *Alexander zieht eine Schnute – er muss nichts mehr essen*
- *Jochen hält die Hand hin – er erlebt ein Fingerspiel*
- *Paul sieht seine Mutter an – sie singt ihm weiter vor*

ICH BEWIRKE

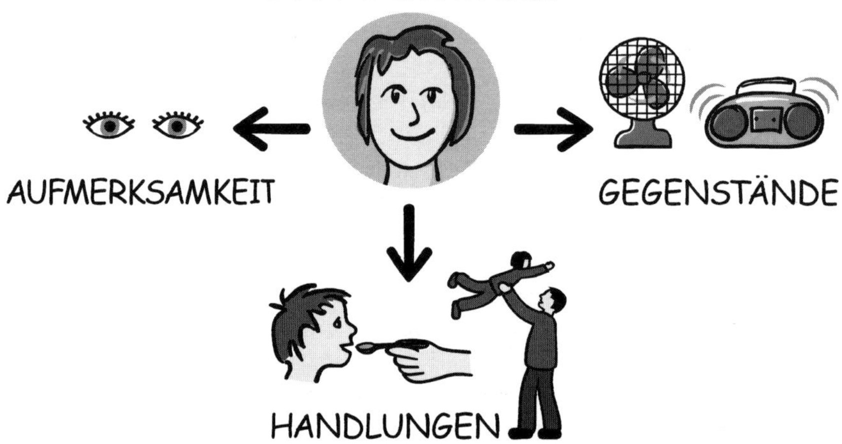

Dies kann bedeuten, dass die Kinder von ihren Mitmenschen ernst genommen und dass ihre einfachen Gesten, Blicke oder Laute als Zeichen gedeutet und damit zum Zeichen werden. Die Kinder erleben, dass sie ein Erlebnis wiederholen können.
Es gibt auch einfache elektronische Hilfen, die ihnen Erlebnisse des Ursache-Wirkung-Zusammenhangs vermitteln können. Dazu eignen sich Schalter, Taster, und Sensoren, mit denen sich zum Beispiel ein Spielzeug in Gang setzen oder ein Geräusch bzw. Sprache abrufen lässt.

Aufgrund einer Beratung zur Unterstützten Kommunikation werden Meta vom Kinderarzt zwei BIGmacks (besprechbare Riesentasten mit Wiedergabefunktion) verordnet. Sie sollen der Kommunikationsanbahnung und vielleicht der Vorbereitung auf einen Talker dienen. Zwei Geräte (eins in Rot und eins in Gelb) sind nötig, um auch Ja/Nein-Fragen oder den Zusammenhang zwischen einem Tastensymbol und dem dazu gehörenden Text einzuüben. Während der Beratung zeigt Meta nur mäßiges Interesse, als die Tasten schließlich zu Hause stehen, ist sie sofort begeistert. Wenn statt Mamas Stimme mal Papas oder statt Worten ein Lied zu hören ist, lacht sich Meta darüber kaputt, sie spielt es immer und immer wieder ab. Sie kann jetzt lernen, mit Hilfe des BIGmacks zu kommunizieren. Sie soll die Möglichkeiten einer neuen Kommunikationsform austesten und schätzen lernen.

Für die BIGmack-Taster gibt es transparente Abdeckungen, unter die man Symbole bringen kann. Ein Taster von Meta wird mit einem Stück ausgedientem Schnuffeltuch „beschriftet“ und der Text „Schnuffeltuch, ich möchte das Schnuffeltuch!“ darauf gesprochen. Zunächst nutzt Meta den Taster noch nicht gezielt, um ihr Schnuffeltuch zu bekommen. Spielt sie ihn aber ab, veranlasst sie das oft, nach ihrem Schnuffeltuch Ausschau zu halten. Wenige Monate später ist es dann soweit: Meta quengelt, weil sie ihr Schnuffeltuch über eine Absperrung geworfen hat und nicht mehr ran kommt. Auf die Frage „Was ist los?“ streckt sie die Hand aus, um auf die Absperrung zu zeigen. Da scheint ihr plötzlich einzufallen, dass neben ihr zufällig der Schnuffeltuch-BIGmack steht - sie drückt auf die Taste und teilt mit, dass sie ihr Tuch wiederhaben will!
Dieses Ereignis bleibt erst einmal einmalig. Um kontinuierliche Übungsmöglichkeiten zu schaffen, wird der bisher wechselnd belegte zweite BIGmack an einem festen Platz in Metas Zimmer installiert und in das darüber hängende Regal ein Kassettenrekorder gestellt. Sobald Meta den BIGmack mit dem Text „Ich möchte Musik hören“ und dem darauf angebrachten Bild des Rekorders betätigt, schaltet

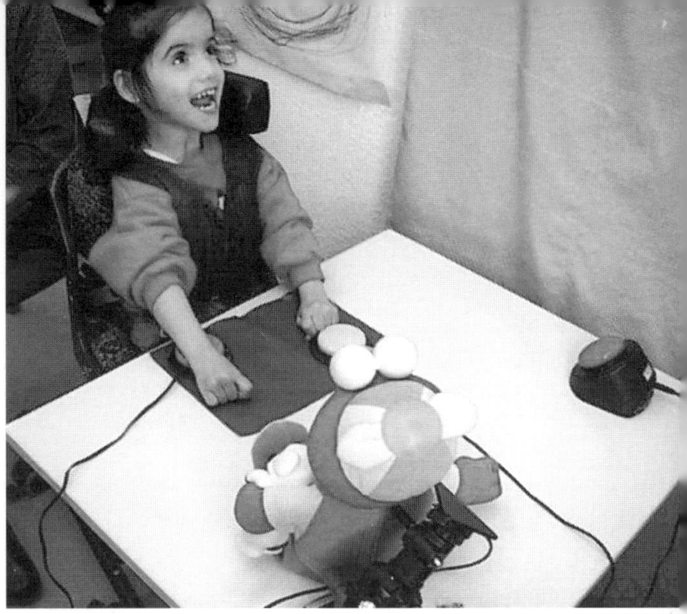

Gabi (5 Jahre) hat gleich 2 Taster, jeweils für die rechte und linke Hand. Damit kann sie die Puppe vor ihr zum Singen bringen oder die Aussagen ihrer Mutter auf dem StepbyStep abrufen.

Markus entdeckt mit Begeisterung, dass er mit den Aussagen der beiden BIGmacks einen Einfluss auf seine unmittelbare Umgebung hat.

jemand den Rekorder ein. Den Zusammenhang begreift sie schnell. Um das Gelernte zu festigen, steht der Rekorder nun an wechselnden Plätzen oder bleibt so lange im Schrank unsichtbar, bis Meta ihn per BIGmack anfordert.
Als nächstes soll Meta lernen, zwischen verschiedenen Aktivitäten auszuwählen. Dazu wird der zweite BIGmack neben den ersten gesetzt. Ein jeder Schritt braucht viel Zeit.

Ein Spiel aus zwei Spielen auszuwählen oder die Auswahl eines Getränkes selbst zu entscheiden ist für viele Kinder ein großer Schritt.

Noch schwieriger ist es, auf die Frage "Möchtest Du dasunddas?" mit "Ja" (als Zustimmung) oder "Nein"(als Ablehnung) zu antworten. Beobachten Sie einmal Kinder ohne Behinderung: Sie benutzen schon lange viele Wörter und Zeichen, bevor sie anfangen, Fragen zuverlässig mit "Ja" oder "Nein" zu beantworten. Hat Ihr Kind bereits diese Fähigkeit, kann es wahrscheinlich dringend ein Zeichen für "unentschieden" oder "Ich weiß nicht" gebrauchen.

Gegenstände

Wenn wir nicht sprechen, benutzen wir selbstverständlich Gegenstände aus dem Alltag zur Kommunikation. So halten wir dem Kind das Marmelade- und das Nutellaglas hin und lassen es zeigen, was es essen möchte.

In der Unterstützten Kommunikation können Gegenstände auch ein Symbol für etwas anderes, z.B. eine Aktivität darstellen. So kann z.B. ein Schwimmflügel "Schwimmen" repräsentieren oder auch den Mittwoch, an dem geschwommen wird.

Für Kinder mit Sehbehinderung können Gegenstände eine große Hilfe für die Orientierung und Verständigung sein. So lassen sich z.B. verschiedene Gegenstände an einem Brett befestigen.

Elisabetha ist blind.
Immer wenn das Essen beginnt, wird mit ihrer Hand der Löffel berührt, vor dem Wickeln kann sie mit ihrer Hand die Windel ertasten, vor dem Schlafen das Deckchen und vor dem Trinken den Becher. So ist sie nicht mehr überrascht von dem, was als nächstes mit ihr geschieht. Später lernt sie, mit der Cassette und dem Katalögchen auszuwählen, was sie als nächstes tun möchte: Katalog blättern oder Musik hören.

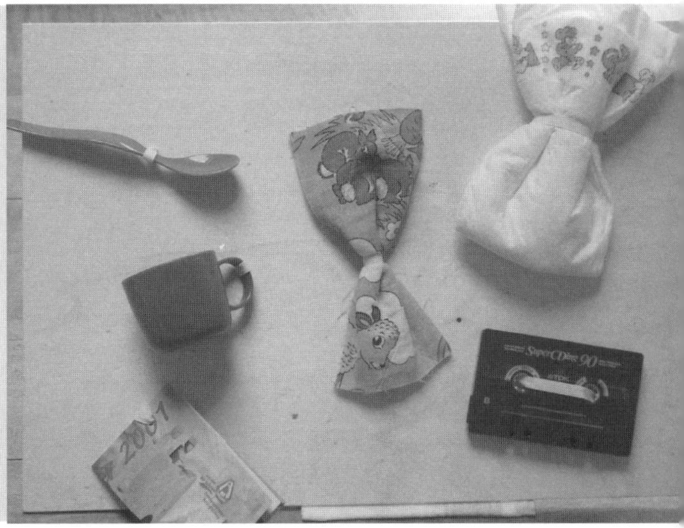

Auch Miniaturen von Gegenständen wie es sie z.B. als Magnete für Kühlschränke zu kaufen gibt, können Symbole sein, mit denen das Kind seine Wünsche ausdrücken kann.

Hier haben die Magnete die Bedeutung von Tätigkeiten die im Alltag vorkommen. Eine Magnettafel kann in Höhe des Kindes an der Wand befestigt werden, so dass es jederzeit Zugriff auf die Gegenstände hat.

Paul benutzt beim Eisenbahnspiel seinen Talker, um ein Gummibärchen zu bekommen macht er die Gebärde „bitte“.

Lautsprachunterstützende Gebärden

Bewegt sich ihr Kind gerne?
Kann es andere nachahmen, findet es z.B. schnell heraus, wie sie zuvor ein neues Elektrogerät eingeschaltet haben? Oder äfft es jemanden nach?
Hat es ein ganz gutes Gedächtnis?
Dann könnte sich ihr Kind vielleicht für Gebärden interessieren...

Gebärden sind unmittelbar und dadurch jederzeit und überall anwendbar z.B. im Schwimmbad, im Rollstuhl oder im Bus. Sie sind sehr kommunikativ und ausdrucksvoll, u.a. da man sich beim Gebärden ansehen kann. Manche Gebärden sind auch für Fremde verständlich.
Gebärden sind schnell und effektiv.

Gebärden haben aber auch Nachteile: Steht ein Klassen- oder Einrichtungswechsel bevor, ist man auf Gebärden begeisterte Betreuungspersonen angewiesen, die zudem auch noch dasselbe System benutzen wollen.

Viele behinderte Kinder benutzen Gebärden von selbst oft unbeachtet. Oft wird erst, wenn man genau hinsieht bewusst, dass auch schwer körperbehinderte Kinder eine Reihe von eigenen Gebärden einsetzen. Hierbei ist die Dokumentation (durch Fotos oder Zeichnungen der individuellen Gebärden) für alle Beteiligten eine große Hilfe.

Voraussetzungen, die das Gebärdenlernen erleichtern:
- Sehvermögen
- Bewegungsfähigkeit
- Imitationsfähigkeit
- Gedächtnis

Selten ist ein Mensch ein "Nur Gebärdentyp". Gebärden und andere Kommunikationsformen lassen sich gut kombinieren. So kann ein gebärdendes Kind z.B. eine Kommunikationstafel haben, die alle Personen abbildet, mit denen es zu tun hat. Auch für die Kommunikation mit Fremden, die die Gebärden nicht verstehen, kann eine weitere Kommunikationsform sehr wichtig sein. Gebärden können auch die Aussage eines Talkers ausdrucksvoll unterstützen.

Bedenken, Gebärden könnten die Lautsprachentwicklung behindern sind inzwischen vielfach widerlegt. Im Gegenteil, Kindern wird das Sprechenlernen durch die Gebärden erheblich erleichtert.

■ *Max zeigt im Spiel was als nächstes mit der Puppe gespielt werden soll. Mit der Kommunikationstafel werden die Rollen verteilt: Er ist die Mama, die Therapeutin der Papa. Jetzt gebärdet er "essen" und die Puppe wird gefüttert...*

■ *Im Gebärdensingkreis im Kindergarten treffen sich jede Woche alle, die Lust zu singen und zu gebärden haben. Dabei lernen alle (vom sprechenden Kind bis zum Zivi, von der Praktikantin bis zum nichtsprechenden Kind) die Gebärden.*

■ *Miriam, mag alles, was mit Fingern und Händen zu tun hat. Sie liebt zum Beispiel die Fingerspiele ihrer Mutter. Auch vom Gebärden war sie sofort begeistert. Sie gebärdet zunächst noch nicht selbst, versteht aber schon viel. Und sie nimmt immer öfter mal die Hände ihrer Mutter und formt damit eine Gebärde. Außerdem hat Miriam schon ein paar eigene Zeichen, mit denen sie sich verständigt. Für „hallo" und „tschüss" zum Beispiel hebt sie den Arm.*

■ *Michelina schien Sprache zu verstehen. Erst als sie 9 Jahre alt war wurde festgestellt, dass sie gar kein Sprachverständnis hat. Mit ihrer freundlichen Art hatte sie dies vollkommen überspielt. Für Michelina war es spannend, Gebärden zu lernen. Glücklich versteht sie endlich, was ihr mitgeteilt wird.*

■ *Joele (6) ist begeistert von Gebärden. Er versteht sehr gut und freut sich jede Woche auf die "Gebärde der Woche" im Kindergarten. Er sieht sich gleich das Blatt an, das er mit nach Hause nehmen darf und versucht, die neuen Gebärden darauf nachzumachen. Jetzt kann er schon mit Gebärden erzählen, dass er zu Hause ein neues Bett bekommen hat und dass der Hund Geburtstag hat.*

Gebärden kennen wir von den Gehörlosen, die eine eigene Gebärdensprache (Deutsche Gebärdensprache DGS) mit eigener Grammatik entwickelt haben.
In der Unterstützten Kommunikation werden meist einzelne Gebärden verwendet, die die wichtigsten Wörter der Lautsprache in Gebärden umsetzen (Lautsprachunterstützende Gebärden LUG). Neben den Gebärden der Gehörlosen gibt es auch vereinfachte Gebärdensammlungen für Menschen mit geistiger Behinderung. Die Vor- und Nach-

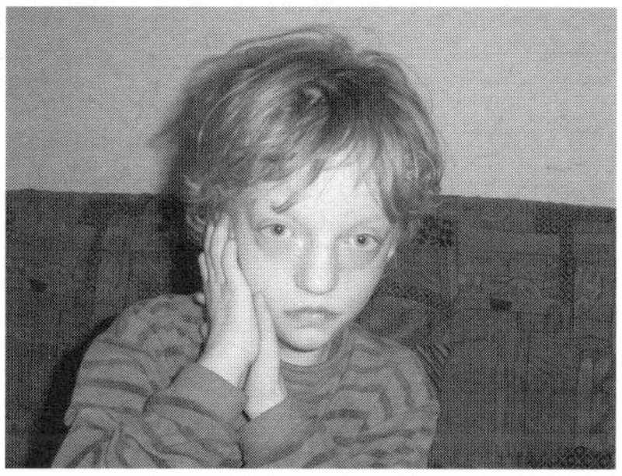

Miriam, 8 Jahre, gebärdet inzwischen selbst, sie möchte schlafen gehen.

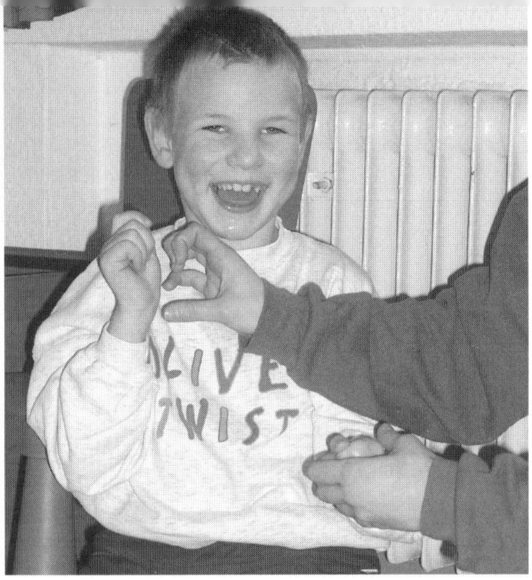

Paul, 6 Jahre, lernt einige Gebärden mit Handführung.

teile von vereinfachten Gebärden werden zur Zeit stark diskutiert.

Die Entscheidung für eine bestimmte Gebärdenauswahl ist schwierig und kann sich nach folgenden Gesichtspunkten richten:

- Sind die benötigten Gebärden vorhanden?
- Sind die Gebärden einsetzbar?
- Sind die Nachschlagewerke praktikabel?
- Welche Gebärden werden in angrenzenden Enrichtungen verwendet?

Paul hat zuerst gelernt, mit seinen Gebärden auszudrücken, dass er ein Eis essen möchte. Die Eisgebärde benutzt er auch, wenn er Süßigkeiten haben will. Inzwischen kann er Autofahren, essen, Hase, zu Hause, Schule u.v.a. m. gebärden und damit Bilder benennen, Wünsche ausdrücken, Ereignisse kommentieren und Fragen beantworten.

Grafische Symbole

Schaut ihr Kind gerne Bilderbücher an? Kann es Bilder erkennen? Schaut es neugierig die Familienfotos mit ihnen an? Nimmt es vielleicht sogar manchmal ein Bild zu Hilfe, wenn es Ihnen etwas zeigen mag?
Dann könnte sich Ihr Kind vielleicht für einzelne Fotokarten, für eine Kommunikationstafel oder einen Ordner mit grafischen Symbolen interessieren...

Grafische Symbole können sein:

- Fotos von Personen, Orten, Spielsachen, Gegenständen, Tätigkeiten...
- Bilder aus Bilderbüchern, selbst gemalte Bilder, abgemalte Bilder...
- Symbole aus Sammlungen, wie z.B. PCS bzw. dem Boardmakerprogramm, Rebus, Pick´n Stick, Aladin...
- Symbole aus Symbolsystemen, wie z.B. Bliss
- Symbole, die man im Internet kostenlos downloaden kann
- Buchstaben und Schrift
- Gemalte und gezeichnete Bilder
- Schrift

Wichtig ist, dass die Fotos oder Bildkarten eindeutig sind in der Abbildung.

Beispiele für Bildkarten: Gezeichnete Symbole und Fotos. Man kann natürlich auch beides mischen.

Mit grafischen Symbolen lassen sich Karten bekleben, Rollstuhltische, große Kommunikationstafeln, kleine Anhänger oder Kommunikationsbüchlein.

Viele Kinder haben Schwierigkeiten, abstrakte Bilder zu erkennen. Manchen fällt es leichter, die eigenen Spielsachen auf Fotos wieder zu erkennen als abgebildete Dinge in Bilderbüchern.

Große und klare Fotos der eigenen Spielsachen können vielleicht nach und nach durch Bildsymbole ersetzt werden.

Durch das Ansehen und Sprechen über Abbildungen kann das Kind nach und nach ein Symbolverständnis entwickeln: „Dieses Auto steht dann stellvertretend für alle Autos!“

Schon im Babyalter begeistern sich viele Kinder, die sich ansonsten nicht für Bilderbücher zu interessieren scheinen, oftmals für selbst angefertigte Bücher, in denen sie ihre Dinge wieder erkennen können. Ein robustes Bilderbuch lässt sich zum Beispiel aus laminierten Fotos, die durch Löcher mit Schlüsselringen verbunden sind, ganz einfach herstellen und jederzeit ergänzen. Wichtige erste Bilderbuch-Themen sind Alltägliches wie Essen und Trinken, natürlich die Lieblingsspielsachen und die Familie. Es ist auch denkbar ein ganz persönliches Bilderbuch mit diversen akustischen und visuellen Effekten am Computer zu erstellen. Über das Programm PowerPoint kann man statt Folien einzelne Fotos mit Text und Musik versehen. Auf Tastendruck kann das Kind nun durch sein Bilderbuch blättern.

Um Bildkarten einzusetzen, nutzt man beispielsweise eine Situation, in der das Kind sich zwischen zwei Dingen entscheiden kann.

Jens darf auswählen, ob er lieber mit den Tieren oder mit den Autos spielen möchte. Bald weiß er schon in welchem Eimerchen welches Spielzeug ist, ohne dass ein Spielzeug herausgenommen werden muss.

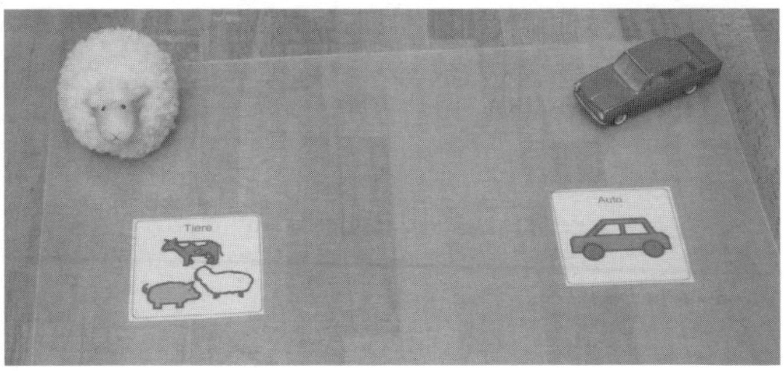

Kurze Zeit später kann Jens seine Wahl auch ohne Eimerchen, nur mit den Symbolen (die zwischen zwei durchsichtigen Tischsets liegen) treffen. Damit hat er gelernt, dass er über Dinge kommunizieren kann, die nicht im Raum sind.

Diese Gegenstände gehören Simon. Seine Mutter legt ihm jeweils zwei Fotokarten hin, so dass Simon auswählen kann, mit welchem Spielzeug er jetzt gerade spielen möchte:

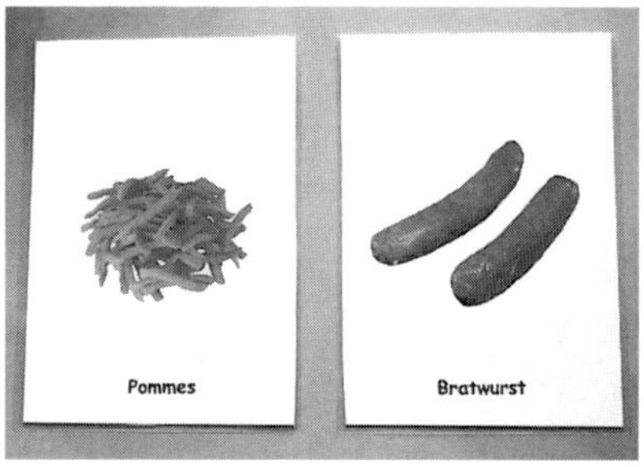

Simon geht mit seiner Familie in ein Restaurant. Obwohl seine Mutter schon weiß, was er gerne isst, gibt sie ihm über die Fotos die Möglichkeit der Mitbestimmung. Mit diesen DIN A5 großen Fotokarten kann sich Simon entscheiden, ob er lieber Pommes oder eine Bratwurst essen möchte. Ein sprechendes Kind würde auch am Tisch sagen, was es gerne haben möchte.

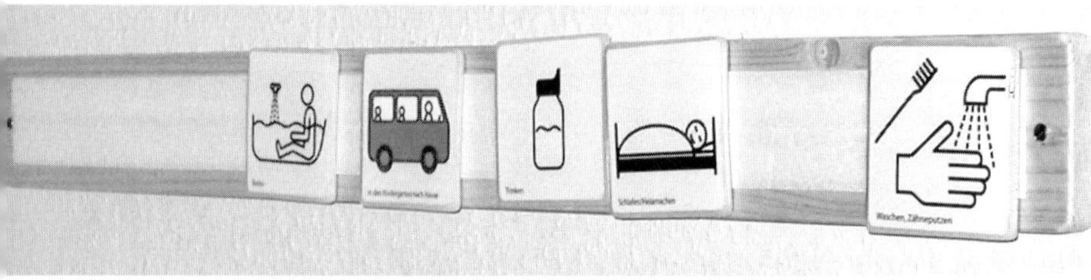

Für jedes Kind ist ein anderes "System" ideal: In Metas Zimmer hängt eine Holzleiste mit Klettband an der Wand. Die laminierten Bildkarten wurden zusätzlich auf feste Kunststoffplatten geklebt, nachdem sie unverstärkt von Meta zerknickt und zerkaut wurden.

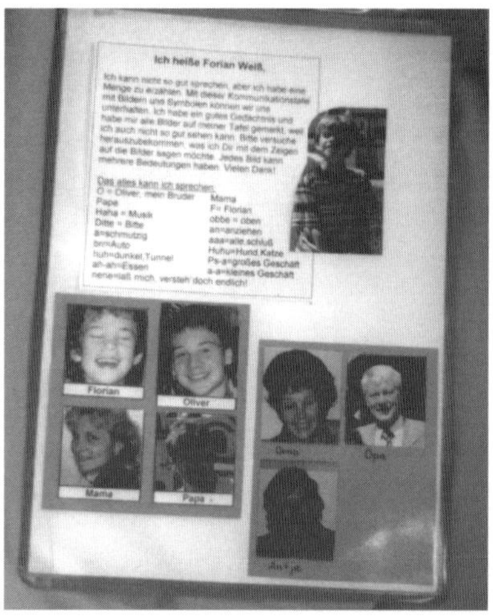

Hat ein Kind bereits ein Symbolverständnis und weiß es, dass es mit Bildern etwas mitteilen kann, kann ihm eine Kommunikationstafel mit vielen Symbolen gleich einen großen Wortschatz zur Verfügung stellen.

Florian hat eine Kommunikationstafel zum Aufklappen mit 4 Seiten voll Fotos und Bilder. Auf der ersten Seite stehen die Wörter und Gesten, die er außerdem benutzt, um sich auszudrücken.

Vielfach werden die Bildkarten zu der Aktivität auch mitgenommen. Gerade am Anfang kann das eine große Hilfe für das Kind sein.

Es gibt eine weitere Möglichkeit, bei der das Kind dem Partner eine Foto- oder Bildkarte gibt. Der Ansatz heißt PECS (Picture Exchange Communication System). Dahinter steckt die Idee, dass man Kinder dazu bringen möchte, von sich aus Kommunikation zu initiieren. Man hat herausgefunden, dass es vielen Kindern leichter fällt, wenn sie das über einzelne Bildkarten tun können, die sie jemanden geben können, statt auf Felder einer Kommunikationstafel zu zeigen (vgl. Schütterle, 2002).

Mit dieser Fotokarte zeigt die Erzieherin Anna, dass sie jetzt ins Bällchenbad gehen. Die Karte wird mitgenommen und nach der Aktivität wieder zurückgelegt:

Gut eignen sich Alltagssituationen, die regelmäßig wiederkehren. Beispielsweise die Essenssituation (wenn das Essen für das Kind und seine Bezugspersonen unbelastet ist):

Mit diesen beiden Fotokarten kann das Kind auswählen, was es zuerst essen möchte.

Diese beiden Symbole für "lecker" und "schmeckt nicht" werden neben den Teller gelegt. Je nach dem wie dem Kind das Essen schmeckt, zeigt die Bezugsperson auf das entsprechende Symbol und spricht "Ah, dir schmeckt es heute gut".

Hier sind zwei verschiedene Eis zum Auswählen.

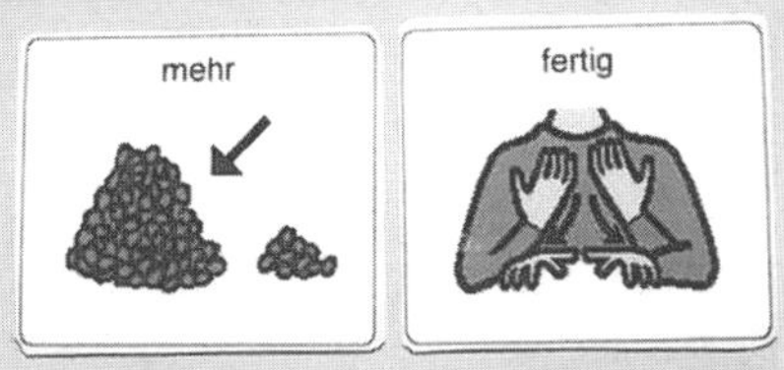

Beim Essen geben macht man schon bald eine Pause, zeigt auf das entsprechende Symbol und fragt "Willst du noch mehr?". Wenn das "mehr"-Symbol eingeführt wird, wählt man eine Speise, welche das Kind gerne isst und umgekehrt.

Auf dieser Kommunikationstafel sind 4 Bilder zu sehen, aus denen das Kind auswählen kann. Manche Kinder können gleich mit mehreren Fotos auf einer Tafel anfangen. Für andere Kinder beginnt man mit einzelnen Fotokarten oder Symbolen.

Meta wählt Speisen über einzelne, nicht zu zahlreiche Bildkarten aus.

Kann ein Kind nicht direkt mit dem Finger auf ein Symbol zeigen, gibt es auch Möglichkeiten, Symbole über Blickrichtung oder technische Hilfen oder gestützte Kommunikation "anzusteuern":

Nele wählt einige Symbole auf ihrem Tisch durch Blickrichtung aus. Ihr "Ja" und "Nein" ist noch nicht immer eindeutig, aber so kann sie klar zeigen, dass es ihr zu heiß ist.

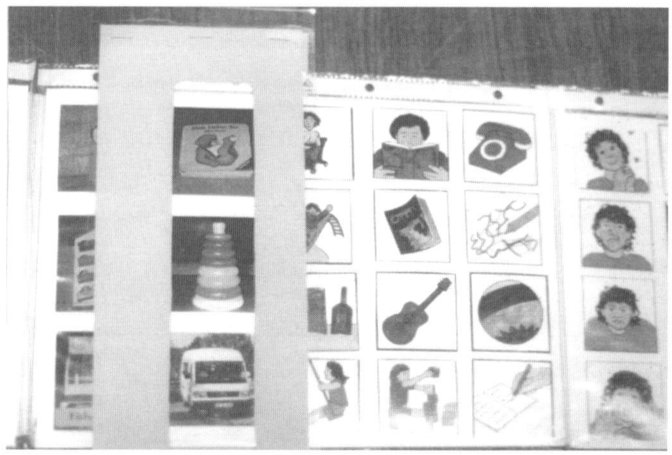

Mit dieser Kommunikationstafel mit gelbem Rahmen, der über die Spalten gezogen werden kann, kann Gudrun (4Jahre) lernen, ein Symbol auszuwählen ohne dabei mit dem Finger zu zeigen.

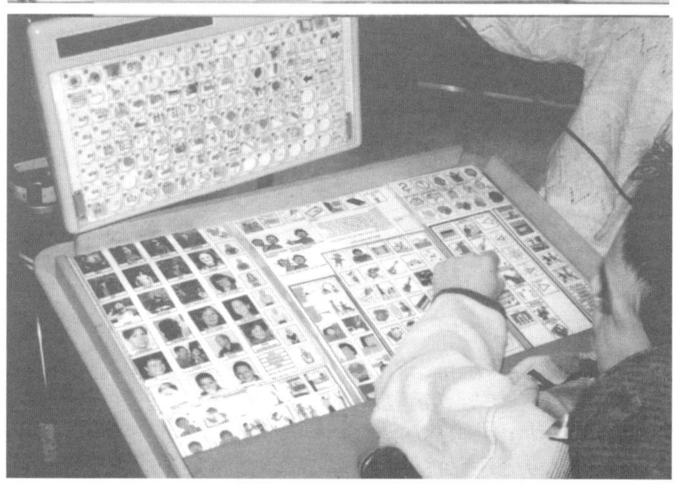

Igor bedient einen Deltatalker mit zwei Tasten am Knie. Die Symbole auf der Kommunikationstafel, die er durch Blickrichtung und "Ja"-"Nein"-Antworten auswählt, bleiben noch für ihn wichtig, da er über diese mit vertrauten Personen schnell und mit wenig Anstrengung kommunizieren kann. Dann erzählt er seine Erlebnisse, in wen er zur Zeit verliebt ist, was er später einmal werden möchte, was er sich zu Weihnachten wünscht, wem er zum Geburtstag gratulieren möchte und fragt, wie es den Kindern geht.

Sehr wichtig ist es, dass sich die Symbole oder Fotokarten immer in der Nähe des Kindes befinden. Am besten so, dass das Kind jederzeit Zugriff auf seine Foto- oder Symbolkarten hat. Bleibt das Kommunikationsbüchlein bei der Oma liegen, ist das Kind wieder "ohne Worte".
Die Kommunikation über Symbole ist auf ein interessiertes Umfeld angewiesen. Für interessierte Personen sind einfache Mitteilungen über Bilder und Symbole meist sofort verständlich. Grafische Symbole sind auch für andere Kinder sehr interessant.

■ *Meta, 4 Jahre alt mit sogenannter geistiger Behinderung, interessiert sich für Bilderbücher kaum. Aber sie scheint bekannte Dinge auf Fotos und Symbolen wieder zu erkennen. Trotz geringem Interesse begleiten Metas Tagesablauf auch einige Symbole. Mit der Zeit wird sie sich vielleicht an diese Symbole gewöhnen und sie selbst nutzen.*

■ *Paul, 5 Jahre alt mit sogenannter geistiger Behinderung, kommuniziert über Gebärden und eine Kommunikationstafel. Sie besteht aus einem dünnen Frühstücksbrettchen, das mit Buchfolie überzogen ist. Auf der einen Seite der Tafel hat seine Mutter Symbole und Bilder von Dingen zusammengestellt, die Paul gern mag (Tätigkeiten, Sachen, Essen usw.), außerdem ein Foto von ihm, seine Adresse, und den Satz: „Ich heiße Paul, ich kann nicht reden, aber ich kann Dich verstehen." Auf die andere Seite sind Fotos seiner Familie und seiner Betreuerinnen mit Namen geklebt, so dass auch andere Leute diese Fotos benennen können.*

■ *Miriam, 7 Jahre alt mit sogenannter geistiger Behinderung, schien lange Schwierigkeiten zu haben, Dinge auf Fotos oder Bildern zu erkennen. Ihre Eltern haben ihr zunächst Bilderbücher selbst gebastelt, erst einmal mit Fotos von Familienangehörigen, später mit gut bekannten Gegenständen. Für den Kindergarten hat sie einen Bilder-Ordner bekommen. Er bleibt immer in der Kindergartentasche, und wird zu Hause und im Kindergarten wie ein Bildtagebuch weitergeführt. So kann Miriam anhand der Bilder von ihrem Tag erzählen. Sie ist sehr stolz auf ihren Ordner.*

■ *Kevin, 7 Jahre alt mit Mehrfachbehinderung, kann krabbeln aber nicht laufen. Die Mutter hat ihm zu Hause für jedes Zimmer eine Kommunikationstafel angefertigt, mit der er bestimmte Dinge im Zimmer anfordern kann. Sie hat sie nicht an die Wand gehängt sondern am unteren Rand der jeweiligen Zimmertür befestigt. So kann Kevin sie krabbelnd erreichen, und sie können von niemandem zu hoch und unerreichbar für Kevin aus dem Weg geräumt werden, wie es bei losen Tafeln der Fall wäre.*

■ *Max, 8 Jahre alt, mit schwerer Körperbehinderung, kann nur einen Finger bewegen. Seine Mutter hat ihm eine Kommunikationstafel nach dem Prinzip einer Parkscheibe angefertigt. Anstelle der Zahlen bei einer Parkscheibe befinden sich Symbole. Max dreht die Symbolscheibe mit seinem Finger bis im Fenster der darüber liegenden Abdeckung das richtige Symbol erscheint.*

■ *Sarah geht in einen heilpädagogischen Kindergarten. An der Garderobe hängt von jedem Kind ein klappbares Bild. Kommt Sarah morgens, klappt sie das Bild auf, so dass zu sehen ist - Sarah ist da! Dass es wieder nach Hause geht erkennt sie daran, dass das Bild zugeklappt wird und nicht mehr zu sehen ist.*

■ *Jasmin, 6 Jahre alt mit autistischer Behinderung, hat ein Ringbuch (Din A 5) mit einer roten und einer grünen Seite, die aus laminiertem farbigem Tonkarton bestehen und bei Bedarf durch weitere rote bzw. grüne Seiten ergänzt werden können. Die Seiten sind mit Klettflächen versehen, auf denen Bildkarten haften. Die Karten, die die Mutter auf die rote Seite klebt, sind nicht zur Auswahl freigegeben, weil die damit verbundenen Wünsche vielleicht gerade nicht realisierbar sind (bei schlechtem Wetter im Garten spielen; in die Turnhalle gehen, wenn die Schule aus ist usw.), die auf der grünen Seite untergebrachten Karten können von Jasmin ausgewählt werden. Jasmin hilft diese Vorauswahl, sie erspart ihr frustrierende Ablehnungen ihrer Wünsche, mit denen sie schlecht umgehen kann. Am Ringbuch ist eine Kordel angebracht, so dass Jasmin es umhängen und überall hin mitnehmen kann.*

Fotos sollten aus der Sicht des Kindes aufgenommen sein. Wenn das Kind mit einem Fahrzeug spielt, dann sieht es dabei nur das Fahrzeug und nicht sich selbst damit spielend. Ruhige Hintergründe sollten angestrebt werden, was sich zum Beispiel auch durch eine geringe Brennweite beim Fotografieren realisieren lässt, der Hintergrund wird dadurch unscharf, und das eigentliche Objekt tritt scharf in den Vordergrund. Durch Ausschneiden oder Nachbearbeiten des Bildes am Computer lassen sich ebenfalls Hintergründe beruhigen oder entfernen. Das Arbeiten mit dem Computer bietet den Vorteil, Bilder verschieden groß und beliebig oft zu reproduzieren. Die Ausdrucke lassen sich durch Laminieren in Folie beständiger machen. Kleinere, eher flache Dinge können ohne den Umweg übers Fotografieren auch direkt auf den Scanner gelegt werden, sie erscheinen sogar besonders brillant.

Wenn Meta, 4 Jahre, geistig behindert, zum Beispiel draußen im Sandkasten interessiert einen alten Autoreifen untersucht hat, sollte der Autoreifen auf dem Foto sein - nicht Meta beim Spiel mit dem Reifen, und auch kein Ausschnitt, auf dem der Reifen nicht als solcher für Meta zu erkennen ist.

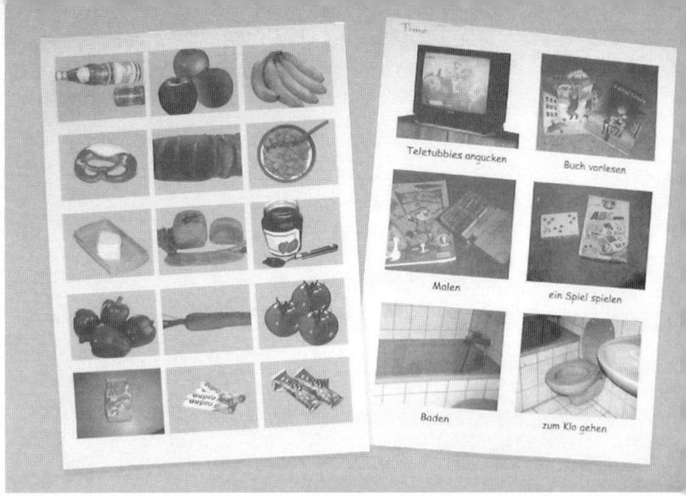

Timo kann Speisen und Aktivitäten auf Kommunikationstafeln mit vielen Bildern auswählen.

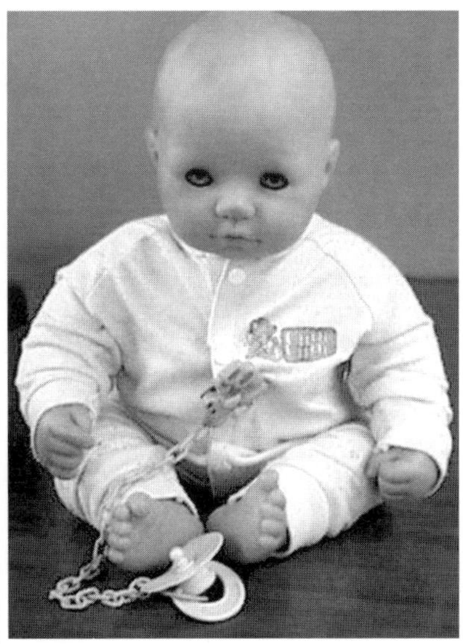

Kerstin braucht diese Tafel, wenn sie mit ihrer Puppe spielt. Sie kann auf die Symbole zeigen und auf diese Weise verschiedene Gegenstände verlangen (Martinsschule/Ladenburg).

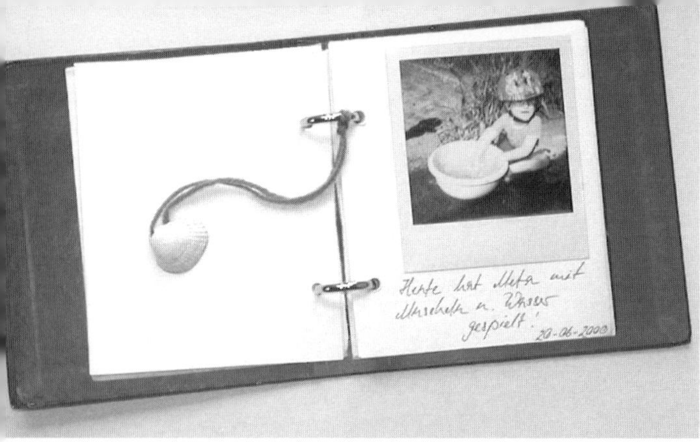

Seiten aus Metas Tagebuch: ein Sofortfoto, eine Muschel an einem Faden und ein kurzer Text der Kindergärtnerin "Heute hat Meta mit Muscheln und Wasser gespielt" erzählen vom Tag. Meta freut sich, als sie zu Hause die im Buch eingehängte Muschel wieder erkennt

Tagebücher

Möchte Ihr Kind Ihnen vielleicht etwas aus dem Kindergarten oder der Schule mitteilen?
Kann es etwas mit Bildern oder Fotos anfangen?
Freut es sich vielleicht, wenn sie es nach Erlebnissen bei Freunden oder Verwandten fragen oder einfach, wenn sie alte Geschichten vom Urlaub wieder aufwärmen?
Dann könnte sich Ihr Kind vielleicht für ein Tagebuch interessieren...

Tagebücher, in denen wichtige Erlebnisse durch Einschreiben, Malen, Kleben festgehalten werden, können eine wichtige Kommunikationshilfe sein. Sie sind oft die einzige Möglichkeit der Kinder auf Vergangenes zurückzugreifen und können auch als Gedächtnisstütze dienen.
Ein Tagebuch kann das Kind in den Kindergarten oder die Schule begleiten, das Kind kann dort und zu Hause anhand des Tagebuchs von seinen Erlebnissen erzählen. Versteht es noch nicht viel Sprache, können Fotos (z.B. Sofortbilder) und eingeklebte Objekte (eine Muschel vom Strandbesuch, Silberpapier vom Schokoladenosterhasen...) vom Tag erzählen. Texte können noch genauer informieren. Fotos und Texte sollten aus der Sicht des Kindes entstehen und mit ihm abgesprochen werden. So ist es z.B. selbstverständlich, dass peinliche Erlebnisse nicht für jedermann zugänglich sein sollten. Wenn das Kind beim Zusammenstellen der Seiten dabei ist, so kann ihm das eine Hilfe sein, das Abgebildete mit dem Erlebten in Verbindung zu bringen.

Seiten aus Kevins "Ich-Buch", mit dem er über sich erzählen kann, zum Ausdrucken auf dem Computer erstellt:

Ein Tagebuch sollte regelmäßig geführt sein, besonders dann, wenn das Kind noch nicht versteht, wozu ein Tagebuch dient. Durch regelmäßigen Gebrauch kann es die Vorteile und Möglichkeiten dieses Kommunikationsmittels erkennen und schätzen lernen.

Größere Kinder können auch einen Taschenkalender als Tagebuch benutzen, in dem es z.B. für jeden Tag eine Seite gibt. Mit dem Kalender lassen sich Zeiträume besser einschätzen und die Zukunft besser planen.

■ *Igor hat in seinem Tagebuch alle Geburtstage seiner Freunde eingetragen. So weiß er immer wie lange es bis zum Geburtstag dauert und wann er ein Geschenk besorgen muss. Nach der Feier lässt er sich von seinen Freunden die Luftschlangen einkleben und einen kleinen Text im Tagebuch eintragen.*

■ *Jochens Mutter hat ganz viele Kopien von Jochens Fotos und Symbolen der Kommunikationstafel gemacht. Möchten sie nun den Besuch der Oma ins Tagebuch eintragen, geht es ganz schnell, das Bild der Oma dort einzukleben.*

■ *Stefan zeigt den anderen Kindern sein Tagebuch mit der neuen Eintrittskarte und dem Prospekt des Vergnügungsparks, den er gestern besucht hat.*

■ *Melissa will erzählen, dass ein Kind ihrer Gruppe von der Schaukel gefallen ist. Dazu holt sie ihr Tagebuch und blättert zurück zu der Seite, die von ihrem Sturz von der Schaukel erzählt.*

Katharina hat einige Kommunikationstafeln und ein Tagebuch. Wenn sie nach Hause kommt, dann ist es ganz wichtig, dass ihre Mutter zu allererst aus dem Tagebuch vorliest.

Bilder für Routinen, Tagespläne und andere visuelle Hilfen

Heute geht man davon aus, dass Kinder den Ablauf einer Situation aus dem Alltag besser verstehen können, wenn sie zusätzlich visuelle Hilfen wie Fotos oder Symbolkarten zur Verfügung haben. Mit anderen Worten: Bilder oder Fotos von einem Tagesablauf können sehr deutlich zeigen, mit was der Tag anfängt, was als nächstes kommt und wie es dann weiter geht. Besonders Abweichungen vom üblichen Tagesablauf lassen sich mit Hilfe von Bildern leichter und anschaulicher erklären, als nur mit Worten.

Die Symbole und Fotos von diesen Tagesplänen sind mit Klett befestigt und können jeweils neu zusammengestellt werden

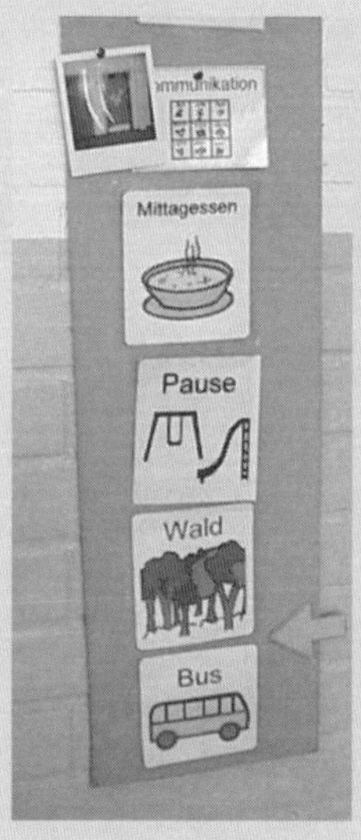

Diese Tagespläne werden morgens von den Schülern der jeweiligen Klassen gemeinsam gestaltet. Die Symbol- und Fotokarten sind schnell erreichbar und können auch genutzt werden, um ein bestimmtes Bedürfnis auszudrükken. Während einer Beratung ging ein Mädchen spontan zu dem Tagesplan und deutete auf das Symbol für "Pause". Sie hatte genug von den redenden Erwachsenen und wollte in die Pause zu den anderen Kindern.

Gerade für Kinder mit Beeinträchtigungen in der Kommunikation können visuelle Hilfen sowohl das Verstehen als auch die Kommunikation wesentlich erleichtern. Ein individueller Monatsplan mit ausgewählten Symbolen beispielsweise macht zeitliche Bezüge deutlich und schafft Sicherheit durch eine höhere Vorhersagbarkeit. Dadurch können Entscheidungen erleichtert und besonders Abweichungen anschaulich dargestellt werden.

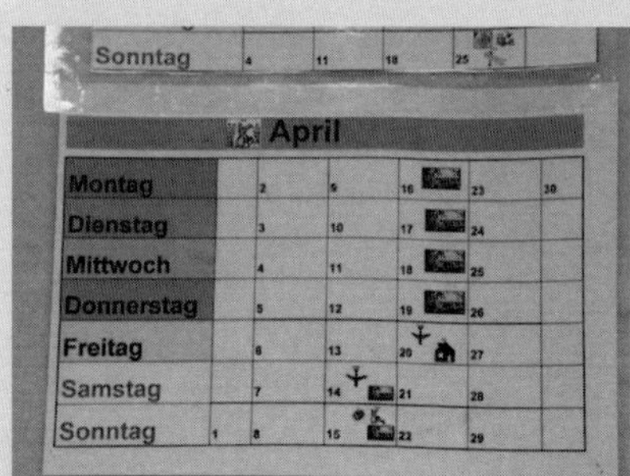

Mit diesem Monatsplan haben die Eltern von Patrick ihn auf die bevorstehende Flugreise vorbereitet .

Bei Tätigkeiten können die einzelnen Schritte durch Fotos oder Symbole dargestellt werden. Die Strukturierung von Tätigkeiten dient der selbstständigen Durchführung von Aufgaben. Dadurch können die Kinder besser verstehen, was, wieviel und in welcher Reihenfolge sie etwas tun sollen.

Auf diese Weise können Fotokarten und Symbolkarten eine wirkungsvolle Hilfe für das Verstehen von Situationen und damit auch die Basis für gezieltes Handeln und Kommunizieren sein. Im so genannten TEACCH-Ansatz (Treatment and Education of Autistic and related Communication handicapped Children) versucht man für ausgewählte Situationen klare Strukturen zu schaffen, die für das Kind einen Überblick und eine klare Orientierung geben (vgl. Häußler, 2000, 72f).

In dieser Klasse wurde die eigene Familie mit Hilfe der entsprechenden Symbole aus dem Boardmakerprogramm dargestellt.

In dieser Klasse geht es gerade um das Zähneputzen. Die wichtigen Gegenstände sind auch als Symbolkarten verfügbar .

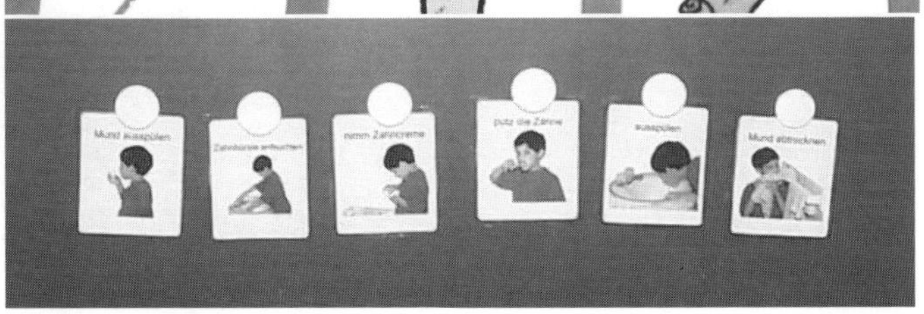

Mit diesen Fotokarten soll die Reihenfolge der Tätigkeiten beim Zähneputzen deutlich werden .

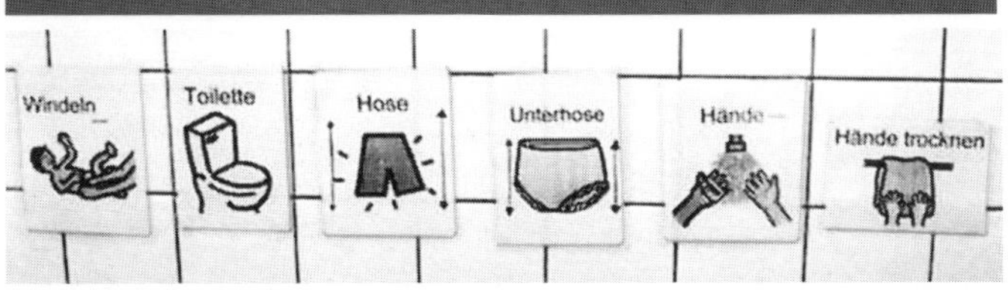

Entsprechende Symbolkarten an der Wand im Bad unterstützen selbstständiges Handeln und regen zur Kommunikation an.

Mit diesen DIN A 4 großen Tafeln wird deutlich, welcher Schüler in dieser Woche für die Blumen, die Garderobe oder das Tisch decken zuständig ist.

Elektronische Kommunikationshilfen

Um zu erfahren, ob für ihr Kind eine elektronische Kommunikationshilfe genau richtig ist, müssen sie sie unbedingt ausprobieren. Das Strahlen eines Kindes, das durch das Drücken auf ein Gerät, das sagt "geh bitte raus!" und "jetzt kannst du wieder reinkommen!" seine Eltern springen lassen kann, kann nur überzeugen!

Die Entwicklung der elektronischen Kommunikationshilfen verläuft rasant und bietet viele Möglichkeiten, die mit keiner anderen erweiternden Kommunikationsform zu verwirklichen sind. So können die Kinder auch mit minimalen körperlichen Fähigkeiten enorme Effekte erreichen und vor allem mit den Sprachausgaben lautstark am gesellschaftlichen Leben teilnehmen.

Die Auswahl des passenden Gerätes hängt u.a. von folgenden Kriterien ab (derzeit und zukünftig):

- Bedürfnisse des Kindes
- Wie kann es sehen oder hören?
- Welche Bewegungen kann es ausführen?
- Was weiß das Kind, was kann es behalten, kapieren, mitteilen?
- Wer kann sich mit dem Gerät vertraut machen und es warten?
- Wie ist die Sprachausgabequalität, der Speicherplatz, die Größe des Gerätes?

Oft bietet es sich an, ein Gerät eine zeitlang auszuprobieren, um zu erfahren, ob es wirklich für das betreffende Kind geeignet ist. Die Kosten hierfür werden manchmal von der Krankenkasse übernommen und mit dem anschließenden Kaufpreis verrechnet.

Die meisten elektronischen Kommunikationshilfen und Computer können mit individuell anpassbaren Bedienelementen oder Signalgebern bedient werden.

Einfache Kommunikationshilfen und Umweltsteuerungsgeräte:
Behinderte Kinder sind in den Möglichkeiten Erfahrungen zu sammeln oft sehr eingeschränkt. Schon beim Erkennen des Zusammenhangs zwischen Ursache und Wirkung, der eine Grundlage der Kommunikation ist, brauchen sie oftmals Hilfe. Über einfache Kommunikationshilfen wie leicht auslösbare, große Taster, kann auch ein schwer behindertes Kind fast jedes beliebige elektrische Gerät oder Spiel-

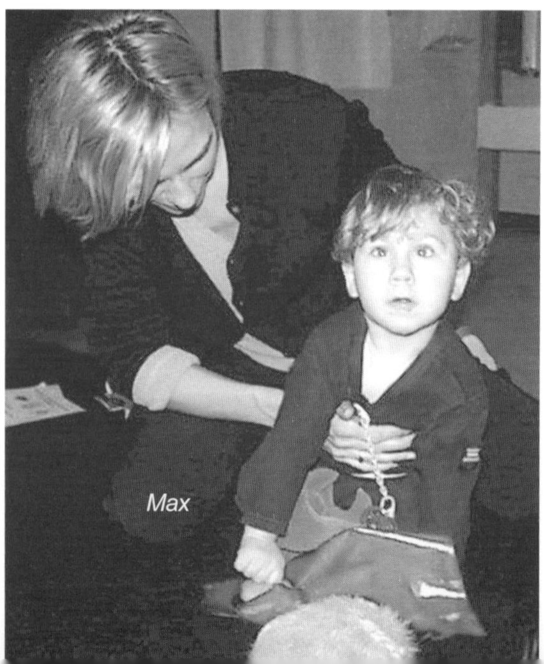

Max

zeug ein- und ausschalten. Mit einem Netzschalteradapter und Signalgeber kann u. a. ein Mixer, ein Massagegerät, ein Kassettenrekorder ein Ventilator oder Fön ein- und ausgeschaltet werden. Die Kinder erfahren so, dass sie ihre Umwelt beeinflussen können. Mit einer einzigen Tastenbewegung haben sie die Möglichkeit am sozialen Leben der Gruppe teilzunehmen, z.B. indem sie bei "Reise nach Jerusalem" die Musik an- und ausmachen oder bei einem Weihnachtsspiel die Beleuchtung des Stalls ein- und ausschalten.

Thilo

■ *Thilo, 5 Jahre alt, mit schwerer Körperbehinderung, kann über einen großen Taster seine elektrische Eisenbahn selbst steuern, was ihm aufgrund seiner Spastik sonst nicht möglich ist. Er hat viel Spaß dabei und erfährt, dass er etwas bewirken kann!*

■ *Lisanne, 4 Jahre alt, mit schwerer Mehrfachbehinderung, macht selbst Seifenblasen, obwohl sie nicht pusten und sich kaum koordiniert bewegen kann. Dazu hat ihr der Vater einen batteriebetriebenen, seifenblasenmachenden Spielzeug-Clown an einen Tastschalter angeschlossen, den Lisanne bedienen kann.*

■ *Max (2 ½ Jahre) ist überrascht und erstaunt, dass er mit dem grünen Taster an seiner rechten Hand, den kleinen Bär vor ihm in Bewegung setzen kann.*

Für einige Kinder kann es sich auch lohnen, in Spielzeugläden zu schauen. Hier findet man viele elektronische Baby- und Kleinkindspielzeuge, die geeignet sind, Kindern das Ursache-Wirkungs-Prinzip nahe zu bringen: Auf Tastendruck oder durch einfaches Anschubsen ertönt z.B. eine Melodie oder Licht blinkt auf.

Mary, Mutter einer geistig behinderten jungen Frau stellt fest:" Hätte es, als meine Tochter noch klein war, all die elektronischen Baby- und Kleinkind-Spielsachen gegeben, die heute die Ladenregale füllen... meine Tochter hätte sie bekommen. Sie sind eine wunderbare Möglichkeit, kleinen Kindern ein Verständnis von Ursache und Wirkung zu vermitteln und die Kommunikation mit Sprechgeräten anzubahnen."

Im Gruppenalltag an Schulen und Kindergärten hat sich vielfach der "All-Turn-It Spinner" bewährt. Ähnlich einer Uhr besteht er aus einer Scheibe und einem rotierenden Pfeil. Auf Tastendruck hält der Pfeil an, und bleibt auf einem bestimmten Feld stehen. Die Felder können z.B. mit Bildern der Kinder der Klasse, mit verschiedenen Liedern, mit Symbolen für Spiele belegt werden. So hat ein Kind, das nicht selbst auf Symbole zeigen kann, die Möglichkeit den Tagesablauf mitzubestimmen, indem es über den All-Turn-It-Spinner eine Auswahl trifft.

Einfache Kommunikationshilfen mit Sprachausgabe

Einfache Kommunikationshilfen mit Sprachausgabe sind u.a. "Tasten", auf denen man Sprache aufnehmen und durch Tastendruck wiedergeben kann (BIGmack oder Step-by-Step). Erfahrungsgemäß üben sie eine ungeheuer anziehende Wirkung auf alle Kinder aus. Da sie meist groß und sehr leicht auslösbar sind, kann sie fast jedes noch so schwer behinderte Kind bedienen. Für die Kinder kann es eine wichtige Erfahrung sein, die Sprachausgabe (z.B. mit einem schönen Lied oder einem lustigen Spruch) selbst auszulösen. Andere wissen bereits, dass sie mit dieser Sprachausgabe andere Menschen beeinflussen können. Sie können Geschichten und Witze erzählen, oder einfach im Kindergarten vom Wochenende zu Hause berichten.
Mit diesen Geräten können die Kinder auf sich aufmerksam machen und eine Kommunikation initiieren.

Zu Hause genießt es Meta, sich das im Kindergarten aufgenommene Singkreis-Lied auf ihrem BIGmack anzuhören

■ *Metas Sprachverständnis reicht nicht aus, um Geschichten oder Erlebnisberichte zu verstehen. Aber trotzdem nimmt sie jeden Tag ihren BIGmack mit in den Kindergarten, auf den die Mutter meist ein Lied oder ein interessantes Geräusch aufgenommen hat. Im Morgenkreis kann Meta dieses abspielen. Dann wird ein von den anderen Kindern gesungenes Lied aufgenommen, was Meta mit nach Hause nehmen und dort mit viel Freude abspielen kann. Die Kindergärtnerin ist von dem BIGmack begeistert: Meta kann am Morgenkreis aktiv teilnehmen und die anderen Kinder, sogar ansonsten "sprachscheue", sind deutlich mehr motiviert mitzusingen.*

■ *Paul verfügt über ein gutes Sprachverständnis. Im Morgenkreis des Kindergartens erzählt er den anderen, was er am Vortag erlebt hat. Dazu schaltet er seinen BIGmack an, auf den die Mutter seine Erlebnisse aufgenommen hat.*

■ *Lisanne, 4 Jahre, steuert über einen Step-by-Step (einfache Kommunikationshilfe in Form eines Tasters, bei der nacheinander mehrere Aussagen aufgenommen und abgerufen werden können) eine elektrische Spielzeugeisenbahn an. Ihre Therapeutin hat sich dazu ein Lied aus-*

gedacht, in dem es darum geht, dass verschiedene Tiere in die Eisenbahn einsteigen. Die Tierstimmen hat sie auf den "Step-by-Step" aufgenommen. Lisanne kann sich am gemeinsamen Spiel beteiligen, indem sie an der richtigen Liedstelle den Zug in Bewegung setzt und zugleich die Stimme des zugestiegenen Tieres ertönen lässt..

■ *Jana, 3 Jahre alt mit Rett-Syndrom, kann ihre Hände kaum zielgerichtet einsetzen. Sie schafft es aber oft, über zwei BIGmacks zwischen Speisen zu wählen und sie anzufordern. Für Jana ist es eine seltene, wichtige Erfahrung, etwas bestimmen zu können.*

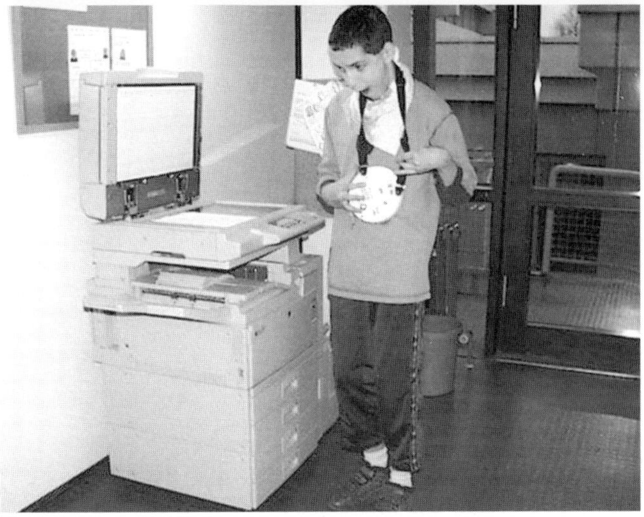

Wenn man in der Martinsschule den Kopierer benutzen möchte, muss man eine persönliche PIN-Nummer eingeben. Sein Lehrer hat für Jochen die (geheime) 4-stellige PIN-Nr. auf den BIGmack gesprochen. Jochen hört sie sich an. Dann kann er nach und nach die Ziffern auf der Tastatur eintippen. Wenn er nicht mehr weiter weiß, kann er sie noch einmal hören. So oft er will. Dann kann er kopieren und hat seinen Arbeitsauftrag selbstständig erledigt.

Weitere Möglichkeiten den BIGmack oder Step-by-Step einzusetzen:

- Lieder abspielen
- Beliebte Kinderreime abspielen
- Aufforderungen oder Kommandos geben
- Als Erzähltaste benutzen
- Zum Einkaufen mitnehmen und die Bestellung drauf sprechen
- Botengänge übernehmen
- Jemand Glückwünsche zum Geburtstag sagen
- Eine kleine Rolle beim Rollenspiel oder Theaterstück übernehmen

Im Spielzeughandel werden zunehmend auch Spielsachen mit Sprachaufnahme- und Wiedergabefunktion angeboten, die manchmal eine gute Ergänzung zur Kommunikationshilfe sein können.

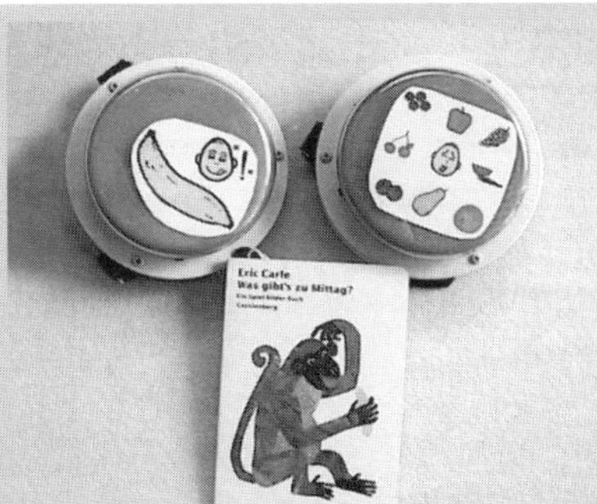

Für das Lesen von Bilderbüchern, die immer wiederkehrende Sätze beinhalten, können die BIGmacks sehr gut benutzt werden. Hier mit dem Buch "Was gibt´s zu Mittag?" von Eric Carle. Unter den transparenten Abdeckhauben sind die passenden Symbole für die entsprechenden Aussagen. So kann auch ein Kind "mitlesen" bzw. mitmachen, welches nicht sprechen kann.

Aus dem Buch "Mausi verkleidet sich" werden auf dem Step-by-Step ausgewählte Sätze aufgenommen. Anschließend kann dann ein Kind durch Tastendruck diese Sätze abrufen und auf diese Weise "mitlesen".

Sprechgeräte

Sprechgeräte, die so genannten "Talker", können helfen, Kinder in ihrer Kommunikation unabhängiger zu machen: Kommunikationstafeln oder Gebärden verlangen Kommunikationspartner, die einfühlsam sind, sich die Symbole betrachten oder die Gebärden lernen. Sprechgeräte hingegen machen auch eine Kommunikation mit Menschen möglich, die dem Kind im Moment nicht zugewandt sind. Mit ihnen kann gerufen, telefoniert, reingeschwätzt, kommentiert, gefragt, geschmeichelt oder geschimpft werden. Und das zu jedem Zeitpunkt im alltäglichen Leben, vorausgesetzt, das Gerät ist eingeschaltet. Erhält ein Kind ein Sprechgerät, wird es von der Umwelt auf einmal ganz anders wahr- und ernst genommen.

■ *Anita z.B. wollte ihren Talker am Anfang immer sehr leise gestellt haben. Sie hatte gelernt, durch ein sehr angepasstes und freundliches Verhalten sympathisch zu sein. Erst nach und nach merkte sie, wie sie auf die anderen wirken konnte, wenn sie einmal ganz laut war und freche Bemerkungen machen konnte. Auch die Klasse fand sie auf einmal witzig. Diese Erfahrungen gaben ihr viel Mut und Aufschwung für ihre weitere Entwicklung.*

■ *Thilo, 5 Jahre, hat gerade sein erstes Sprechgerät bekommen. Zunächst spielt er damit, aber die Mutter möchte erreichen, dass er mit dem Sprechgerät auch kommuniziert. Sie bespricht ihn mit Kommentaren, die Thilo jederzeit in die Familienunterhaltung einwerfen kann: Mehr, Quatsch, toll, nein, cool, es reicht usw. Als sie Thilo das Sprechgerät beim gemeinsamen Abendessen erstmals vorlegt, wandert seine Hand schnell zum Sprechgerät. Die Mutter beschreibt: "Es sind ganz tolle Situationen entstanden, wir haben viel gelacht und während Thilo am Anfang einfach nur rumprobierte, begriff er sehr schnell die Folgen seines Tuns (meistens war es nämlich sehr lustig) und beantwortete später sogar Fragen („Ja" kann er selber sagen). Wir haben sogar rausgekriegt, dass er noch ein Brot essen wollte. Noch nie war Thilo derart lange aktiv an einer Familienunterhaltung beteiligt. Es war einfach super."*

■ *Jakob, 7 Jahre, mit Down-Syndrom, wird von seiner Mutter öfter einkaufen geschickt. Da er nur sehr undeutlich sprechen kann und von Fremden nicht verstanden wird, spricht sie ihm den Einkaufswunsch auf ein Gerät ("Memotronic"), das ähnlich wie ein einfacher Talker funktioniert. Für Jakob wurde nun auch ein Sprechgerät beantragt, das über mehr Möglichkeiten verfügt.*

Manche Sprechgeräte haben Tastenfelder, die mit Symbolen belegt und damit auch ohne Kenntnisse der Schriftsprache benutzt werden können:
Ist das Drücken der Tastenfelder nicht möglich, können einige Geräte auch mit Sensoren über Scanning bedient werden.
Geräte mit dynamischer Anzeige zeigen auf dem Bildschirm eine beliebige Anzahl von Symbolen an, die dann nach Auswahl eines Feldes entsprechend einem Menue weitere "Kommunikationstafeln" erscheinen lassen.
Auf vielen Geräten können Tasten miteinander kombiniert werden, so dass die Anzahl der Mitteilungen erweitert werden kann. Manche Geräte bieten durch Tastenkombinationen sogar die Möglichkeit, sich grammatikalisch richtig auszudrücken. Oft sind die Bezugspersonen verwundert, wozu die Kinder fähig sind!

Jessica (6 Jahre alt mit sogenannter geistiger Behinderung) nutzt einen Talker mit dynamischer Anzeige.

■ *Igor saß ruhig neben unserem Gespräch über seinen neuen E-Rolli, den er mit zwei Tasten fahren können würde, und sagte auf einmal: "Ihr seid lieb!" Wir waren sehr beeindruckt. Diese Wirkung hätte er mit einer grammatikalisch falschen Aussage nicht erreicht.*

Kann sich ein Mensch über Schriftsprache äußern, bietet sich ein Gerät mit synthetischer Sprachausgabe an. Nur mit synthetischer Sprachausgabe lässt sich Geschriebenes laut wiedergeben. Schrift gibt einem nichtsprechenden Menschen die Möglichkeit, wirklich eigene Worte zu finden.

Gestützte Kommunikation

Die Stütze an der Hand zu Beginn der Methode FC

Die Stütze an Unterarm und Schulter

Die Stütze an der Schulter nach längerer Trainingszeit mit FC, die Hand zeigt inzwischen frei, später kann die Stütze evt. zunächst zeitweise und dann ganz weggenommen werden.

Die Gestützte Kommunikation ist eine Methode, um Kommunikation zu erleichtern oder überhaupt erst zu ermöglichen. Sie ist damit eine der verschiedenen Methoden in der Unterstützten Kommunikation.
Indem eine Person dem behinderten Kind eine körperliche und seelische Stütze an der Hand, am Arm oder auch nur an der Schulter gibt, lernt es, mit dem Finger zu deuten oder zu tippen. Die Gestützte Kommunikation zielt darauf hin, die Stützte nach und nach wieder auszublenden und dem Kind ein eigenständiges Benutzen einer Tafel oder eines Gerätes beizubringen.
Gleich zu Beginn wird empfohlen, dass mehrere Personen die Methode mit dem Kind durchführen, damit es nicht zu abhängig von einer einzelnen Person wird. Das Stützen darf nicht mit einem Führen verwechselt werden und sollte nur von Personen durchgeführt werden, die dazu ausgebildet wurden. Die Gefahr der Manipulation muss immer wieder von allen Beteiligten beachtet und kritisch überprüft werden.

In der Fachliteratur über FC finden sich Fälle, wie Kinder durch Gestützte Kommunikation unerwartete Leistungen zeigen und auf einmal auf einer Kommunikationstafel ausdrücken können, was sie spielen möchten oder sogar auf einer Buchstabentafel erzählen, was sie bewegt. Hierbei hat sich gezeigt, dass manche Kinder mit Schwierigkeiten in den Handlungsabläufen, mit fehlender Bewegungskontrolle, hoher Impulsivität oder anderen Problemen mehr verstehen und äußern können, als man ihnen zunächst zutraute.
Da es bislang keine anerkannten wissenschaftlichen Belege oder Erklärungen für die Funktionsweise dieser Methode gibt, ist die Gestützte Kommunikation oder auch FC (Facilitated Communication) gegenwärtig sehr umstritten.

Totale Kommunikation

Sarah

Selten ist nur eine einzige Kommunikationsform geeignet. Vielmehr bietet es sich oft an, mehrere Kommunikationsformen miteinander zu verbinden, die sich gegenseitig ergänzen.
Unterstützte Kommunikation heißt immer totale Kommunikation: Alles was ein Mensch versucht zu äußern, muss ernst genommen und aufgenommen werden.

■ *Paul, 5 Jahre alt, kann einige Wünsche durch Gebärden ausdrücken, benutzt aber gleichzeitig die Zeigetafel oder Gesten wie Nicken und Kopfschütteln für „ja“ und „nein“.*

■ *Meta, 4 Jahre alt, wünscht sich Musik durch Betätigung ihres BIGmacks, wählt Speisen durch Zeigen und bejaht/verneint Fragen durch Lachen/Schreien. Zwei Jahre später fordert sie durch Gebärden z.B. jemanden zum Singen auf, zeigt über Bildkarten, was sie essen oder dass sie schlafen möchte, den BIGmack nutzt sie im Singkreis des Kindergartens, sporadisch nutzt sie außerdem ihren Talker.*

■ *Sarah erzählt morgens wenn sie in ihre Klasse kommt über Tastendruck auf ihren Step-by-Step was sie zu Hause erlebt hat. Gleichzeitig möchte sie dass in ihrem Tagebuch auch noch nachgelesen wird. Später zeigt sie auf Symbole und Fotos ihrer Kommunikationstafeln, um ein bestimmtes Thema auszuwählen.*

Sarah hat zum Erzählen ihr Tagebuch und einen Step-by-Step. Außerdem nutzt sie die Symbole und Fotos von ihrer Kommunikationstafel. Die Felder der Tafel sind extra so klein, da Sarah nur einen kleinen Aktionsradius mit dem Finger hat.

Mit dem Sprechgerät (auf dem Schrank wurfsicher fixiert) hat sich Meta "Wind" gewünscht, daraufhin wurde der Ventilator angeschaltet. An Stelle des Sprechgeräts standen hier zunächst 2 BIGmacks, die bald nicht mehr genug Auswahlmöglichkeiten boten. Sie werden von Meta jetzt im Morgenkreis des Kindergartens eingesetzt.

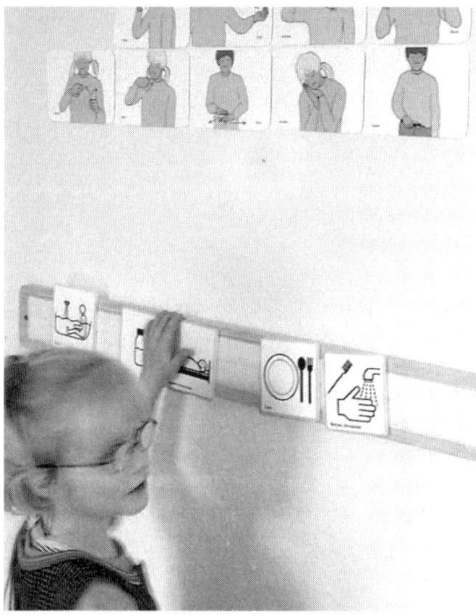

Seit kurzem nutzt Meta (6 Jahre) auch Bildkarten, die an eine Holzleiste geklettet sind. Darüber hängen Karten mit Gebärdenabbildungen aus dem GuK-System zur Erinnerung und Hilfe für Familienangehörige und Betreuer. Meta gebärdet selbst, wenn ihr jemand etwas vorsingen soll.

Bevor Meta abends ins Bad geht, holt sie die entsprechende Bildkarte von der Klettleiste in ihrem Zimmer und nimmt sie mit. Über dem Waschbecken ist für die Karte ein Klettpunkt angeklebt. Nach dem Waschen kommt die Karte wieder zurück an die Holzleiste. Möchte Meta z.B. etwas essen, holt sie die Essen-Karte und gibt sie demjenigen, der ihr helfen soll.

Häufige Fragen

■ Ab wann sollte mit UK begonnen werden?
Möglichst früh. Das Erlernen von Kommunikation beginnt auch bei nichtbehinderten Kindern mit der Geburt, mit dem ersten Schrei. Ist der normale Lernprozess behinderungsbedingt gestört, sollte das Kind durch frühe Hilfen dennoch kontinuierlich die Bedeutung und Vorteile von Kommunikation kennenlernen. Dies kann Unterstützte Kommunikation leisten.

■ Sollte man nicht solange warten, bis sicher ist, dass das Kind nicht (ausreichend) sprechen lernen kann?
Unterstützte Kommunikation kann so eingesetzt werden, dass es ein eventuelles Sprechenlernen unterstützt. Zu langes Abwarten bedeutet, dass das Kind in einer Phase, wo es normalerweise sprechen lernen würde, keinerlei oder kaum Kommunikationserfolge hat. Die aber braucht es für seine Entwicklung.

■ Wer bringt meinem Kind Unterstützte Kommunikation bei?
Daran sollten sich möglichst viele beteiligen: Eltern, Kindergarten/Schule, Therapeuten. In einigen Regionen gibt es Therapeuten, meist Logopäden, Sprach- oder Ergotherapeuten, die mit UK bereits Erfahrung haben. Nach Möglichkeiten sollte der Lernprozess von ihnen koordiniert und angeleitet werden.

■ Wie finde ich geeignete Therapeuten?
Über die Beratungsstellen, über Sonderpädagogische Einrichtungen, Sozialpädiatrische Zentren über ISAAC etc. Wenn sich niemand finden lässt, sollte man versuchen, bereits mit dem Kind arbeitende Therapeuten, Heilpädagogen oder Lehrer für UK zu interessieren.

■ Mein Kind hat bereits viele Therapietermine, sollte ich UK nicht besser zurückstellen?
Unterstützte Kommunikation findet vor allem im Alltag statt und benötigt bei manchen Kindern nicht unbedingt immer regelmäßige Therapiesitzungen. Manchmal reichen unregelmäßige Beratungsgespräche, um weitere Schritte zu besprechen.

■ **Werden die Kosten von Hilfsmitteln für die UK von Krankenkassen übernommen?**

Nach unseren Erfahrungen finanzieren die gesetzlichen Kassen in den meisten Fällen die beantragten Kommunikationshilfen ohne Probleme, wenn eine ausführliche Begründung vorliegt. Falls eine Ablehnung kommt, sollte man innerhalb der Frist Widerspruch einlegen. Oft ist es sinnvoll den Sachbearbeitern der Kasse weitere Informationen zu geben. Man kann beispielsweise mit dem entsprechenden Sachbearbeiter am Telefon sprechen oder sogar den Medizinischen Dienst einladen. Die privaten Kassen verweigern meistens die Zahlung. Es ist oft möglich einen Kompromiss auszuhandeln, der darauf hinausläuft, dass die Eltern einen Teil der Kosten übernehmen.

■ **Wer verordnet diese Hilfsmittel?**

Zum Beispiel der Kinderarzt oder aber das Sozialpädiatrische Zentrum. Für die Verordnung sind Stellungnahmen oder Empfehlungen von Therapeuten oder UK-Beratern hilfreich aber nicht notwendig.

■ **Mein Kind ist schwer behindert und kann fast nichts. Ich bin mir manchmal noch nicht einmal sicher, ob es überhaupt mehr kommunizieren will. Wird es von UK profitieren können?**

Beobachten sie ihr Kind genau, kommuniziert es nicht auf seine Weise? UK bedeutet nichts anderes, als von seinen geringen Kommunikationsmöglichkeiten auszugehen und sie zu verbessern und zu erweitern. Einem Kind, das scheinbar nicht kommunizieren will, muss man vielleicht erst einmal zeigen, dass sich Kommunikation lohnt. Einem Kind, das nach etwas hauen oder greifen kann, es aber nicht sinnvoll einsetzt, wird man zeigen müssen, dass es damit bestimmte Dinge erreichen kann. Einem Kind, das sich kaum bewegen kann, wird man helfen, sich auch mit geringsten Bewegungen möglichst vielfältig mitzuteilen und das Interesse am Kommunizieren nicht zu verlieren. Jedes Kind hat dabei entsprechend seiner körperlichen und geistigen Fähigkeiten einen eigenen Zeitplan und eigene Entwicklungsmöglichkeiten.

Wo kann ich mich informieren?

ISAAC
Gesellschaft für Unterstützte Kommunikation, e.V., Deutschssprachige Sektion der International Society for Augmentative and Alternative Communication (ISAAC)

Geschäftsstelle:
c/o Susanne Bünk, Pfarrer Dr. Hoffmann Str. 5a
53343 Wachtberg-Adendorf
Tel. 02225 9099317

E-Mail: geschaeftsstelle@isaac-online.de
Internet: http://www.isaac-online.de

Bundesverband
für Körper- und Mehrfachbehinderte e.V.
Brehmstr. 5-7
40239 Düsseldorf
Tel. 0211 /6400 4-0

E-Mail: verlag@bvkm.de
Internet: http://www.bvkm.de

Lebenshilfe
Bundesvereinigung Lebenshilfe
für Menschen mit geistiger Behinderung e.V.
Raiffeisenstraße 18,
35043 Marburg
Postfach 70 11 63,
Tel: 0 64 21/4 91-0
Fax: 0 64 21/4 91-1

E-Mail: bundesvereinigung@lebenshilfe.de
Internet: http://www.lebenshilfe.de

Beratungsstellen für Unterstützte Kommunikation
Eine aktuelle Liste der Beratungsstellen für Unterstützte Kommunikation findet man im Internet auf der ISAAC-homepage: www.isaac-online.de

FC-Netz-Deutschland (Gestützte Kommunikation)
www.fc-netz.de

Video

“Auch wer nicht sprechen kann hat viel zu sagen...”
Bezug über
Ariadne Buchdienst
Kiefernweg 13
76149 Karlsruhe
Tel. 0721/706755

E-Mail: info@Ariadne.de
Internet: www.Ariadne.de

Internet

Das Internet ist für Eltern und Betreuer behinderter Kinder eine besonders wertvolle Informationsquelle. Man trifft dort auf Elternselbsthilfegruppen (Foren, Mailinglisten, Chats), auf Verbände und Vereine, auf Anbieter von Kommunikationshilfen. Auch die Angebote zur Unterstützten Kommunikation werden immer vielfältiger.

www.isaac-online.de
“ISAAC - Gesellschaft für Unterstützte Kommunikation”
Informationen zur Unterstützten Kommunikation, Verzeichnis der Beratungsstellen, Angebote an Fortbildungen und Seminaren, Links, Mailingliste usw.

www.meta.besondere-kinder.de
Unterstützte Kommunikation und Spiel – Informationen, Erfahrungsbericht, Link- und Literaturliste

www.fc-netz.de
Gestützte Kommunikation, Weiterbildung und Beratung

http://de.groups.yahoo.com/group/
unterstuetzte-kommunikation
Mailingliste Unterstützte Kommunikation

Fortbildungen

Information über die ISAAC-homepage:
www.isaac-online.de

Literatur

Acredolo,L./Goodwyn, S.: Babysprache: Wie Sie sich mit Ihrem Kleinkind unterhalten können, bevor es sprechen lernt", Hamburg, 1999

Adam, Heidemarie: Mit Gebärden und Bildsymbolen kommunizieren, Würzburg 1996

Bauby, Jean-Dominique, Schmetterling und Taucherglokke, Wien 1997

Bayrisches Staatsministerium für Arbeit und Sozialordnung, Familie, Frauen und Gesundheit, Gestützte Kommunikation (FC) bei Menschen mit schweren Kommunikationsbeeinträchtigungen, München 2000

Boenisch, Jens / Bünk, Christof (Hrsg.): Forschung und Praxis der Unterstützten Kommunikation, Karlsruhe 2001

Ursula Braun (Hrsg.): Kinder mit cerebralen Bewegungsstörungen III - Unterstützte Kommunikation
68 S., Düsseldorf 1994

Bundesverband Evangelische Behindertenhilfe e.V. : "Schau doch meine Hände an", Reutlingen, 1999

Fachzeitschrift Unterstützte Kommunikation (ISAAC's Zeitung): Bezug über von Loeper Literaturverlag Karlsruhe

Gangkofer, Manfred: Vom Datensammeln zum Spielen, in ISAAC-Deutschland: "Edi mein Assistent", Düsseldorf, 1996

Häußler, A.: Strukturierung als Hilfe zum Verstehen und Handeln: Die Förderung von Menschen mit Autismus nach dem Vorbild des TEACCH-Ansatzes. In: ISAAC-Gesellschaft für Unterstützte Kommunikation e.V. (Hrsg.), Unterstützte Kommunikation mit nichtsprechenden Menschen. Karlsruhe, 72-85, 2000.

ISAAC-Deutschland (Hrsg.), "Edi, mein Assistent", Düsseldorf 1996

ISAAC-Deutschland (Hrsg.), Unterstützte Kommunikation mit nichtsprechenden Menschen, Karlsruhe 1999

Kane, Gudrun u.a.: Entwicklung früher Kommunikation und Beginn des Sprechens, in Zeitschrift „Geistige Behinderung“ 4/92

Kristen, Ursi: Praxis Unterstützte Kommunikation, Düsseldorf, 2002, erweiterte Neuauflage

Leber, Irene: Nikki ist nicht sprachlos!, Karlsruhe 1994

Lemmler, Kathrin / Gemmel, Stefan: Kathrin spricht mit den Augen, Bigge 1997

Maisch, Wisch: Gebärdenlexikon, Grundgebärden 1, Hamburg 1996

Wilken, Etta: Gebärden-unterstützte-Kommunikation (GuK), Lauf a.d.Pegnitz, 2000

Wilken, Etta (Hrsgb.): Unterstützte Kommunikation. Eine Einführung in Theorie und Praxis, Stuttgart 2002

Rothmayr, Angelika: Pädagogik und Unterstützte Kommunikation, Karlsruhe 2001

Schütterle, Peter: Gib mir deine Sprache. Das Picture Exchange Communication System (PECS). In: Zeitschrift Unterstützte Kommunikation 2/2002. 26 – 31.

Tetzchner, Steven von/ Martinson, Harald: Einführung in Unterstützte Kommunikation, Heidelberg, 2000

Zollinger, Barbara: Spracherwerbsstörungen, Bern, 1987

Bildnachweis
S.30: Pusteblume Kindergarten Heidelberg, S.37: Ulla Bleske, S. 43, 44, 53: Martinsschule Ladenburg, S. 52, 53: Tom Mutters Schule Wiesloch, S. 52: Schule für Körperbehinderte Langensteinbach, alle anderen Bilder von den Autorinnen.

Das erste Gebärden-Liederbuch der Welt!

Irene Leber und Jörg Spiegelhalter: Mit den Händen singen

Ein Kinderliederbuch für Groß und Klein
mit Gebärden aus DGS, Makaton oder "Schau doch meine Hände an"

Mit Illustrationen von Annette Kitzinger

Das Gebärdenliederbuch versammelt eine Vielzahl fröhlicher Kinderlieder zum gemeinsamen Singen nichtsprechender und sprechender Menschen. Erstmals sind – neben Noten und Text – auch die Gebärden in eindrucksvollen Fotos wiedergegeben.

Mit "Ich spreche mit den Händen, ja das könnt' ihr seh'n" oder altbekannten Kinderliedern wie "Häschen in der Grube" bis zum traditionellen "O' Tannenbaum" lädt das Buch zum gemeinsamen Musizieren ein. Die Lieder begleiten durch den Tages- und Jahreslauf oder ermuntern zur erlebnisreichen Bärenjagd. Neben Melodie samt Gitarrengriffen und Text finden sich sowohl die Gebärden nach der Deutschen Gebärdensprache und Makaton als auch Gebärden nach "Schau doch meine Hände an", so dass zwei Bücher in einem Band vorliegen. Beigefügt ist dem Band ein Begleitheft mit methodisch-didaktischen Hinweisen zur Benutzung der Gebärdensprache und dieses Liederbuches.

Irene Leber, Jörg Spiegelhalter: Mit den Händen singen
84 S., Großformat, spiralgebunden mit Ausklapptafeln und
Begleitheft zusammen € 16,90 ISBN 3-86059-138-X

Zu diesem Liederbuch sind zusätzlich zwei Miniausgaben erschienen. Das Miniliederbuch eignet sich gut zum Verschenken. Als Anregung für Bekannte, Freunde und Verwandte, einige Gebärden zu lernen oder als Belohnung im Kindergarten und in der Schule. Das Miniliederbuch gibt es wahlweise mit den Gebärden nach dgs/ Makaton oder nach "Schau doch meine Hände an":

Miniliederbuch für Groß und Klein mit Gebärden – Mit den Händen singen:
Zehnerpack 12,90 € mit Gebärden nach dgs/ Makaton: ISBN 3-86059-128-2
Zehnerpack 12,90 € mit Gebärden nach "Schau doch meine Hände an": ISBN 3-86059-127-4

von Loeper Literaturverlag
Kiefernweg 13
D-76149 Karlsruhe

Tel.: 0721-706755
Fax: 0721-788370
Mail: Buchservice@vonLoeper.de
Internet: www.vonLoepder.de

J. Boenisch, C. Bünk (Hrsg.): Methoden der Unterstützten Kommunikation

Unterstützte Kommunikation ist in Deutschland und weltweit immer stärker im Vormarsch. Höchste Zeit, sich mit den Methoden der Unterstützten Kommunikation auseinanderzusetzen. Die Beiträge dieses Buches entstanden anlässlich der 7. bundesweiten Fachtagung 2003. Besonders untersucht werden u.a.:

- UK im vorschulischen Bereich
- UK in der Schule
- UK im außer- und nachschulischen Bereich
- UK in Beratung und Ausbildung
- UK in der Forschung

Umfassend bietet der neue Band alle Beiträge derneuen isaac-Tagung zum Nachlesen und gleichzeitig den aktuellen Forschungsstand zum großen Themenkomplex Unterstützte Kommunikation. Ein *Muss* für alle, die mit UK arbeiten.

ca. 350 S., kart., ca. € 19,50 ISBN 3-86059-143-6

J. Boenisch, C. Bünk (Hrsg.): Forschung und Praxis der Unterstützten Kommunikation

Die Praxis der Kommunikationsförderung bei Kindern, Jugendlichen und Erwachsenen sowie eine deutliche Kompetenzorientierung als Ansatz der Förderung - das ist der Fokus, der allen Beiträgen dieses Buches gemeinsam ist.
Unterstützte Kommunikation hat in Deutschland eine bisher noch nie dagewesene Bedeutung erreicht. Dementsprechend ist in den letzten Jahren auch die Vielfalt an Kommunikationsförderkonzepten gewachsen. Die Beiträge dieses Bandes entstanden anlässlich der 6. bundesweiten Fachtagung "Unterstützte Kommunikation hat viele Gesichter". Der Bogen in diesem Buch spannt sich von anschaulich konkreten Beschreibungen aus der Praxis über kritische Analysen bisheriger Kommunikationsansätze bis hin zu Weiterentwicklungen durch kritische Reflexionen auf hohem theoretischen Niveau. Berücksichtigt werden aber auch empirische Untersuchungsergebnisse und Übertragungen neuer Modelle auf die Unterstützte Kommunikation. Ein höchst lesenswertes Werk, das die Forschung und Praxis der UK auf den aktuellen Punkt bringt.

288 S., kart., € 18,50 ISBN 3-86059-142-8

isaac (Hrsg.): Unterstützte Kommunikation mit nichtsprechenden Menschen
Ziel dieses wichtigen Buches ist es, Anregungen und Antworten für die tägliche Kommunikation mit unterstützt sprechenden Menschen und deren Förderung zu geben. Alle Beiträge zeigen die enorme Vielseitigkeit der Unterstützten Kommunikation.

ca. 240 S., kart., € 18,50 ISBN 3-86059-141-X

Irene Leber: Nikki ist nicht sprachlos!
Kommunikation eines nichtsprechenden, körperbehinderten Kindes

Irene Lebers Buch, das jetzt in neuer, überarbeiteter Fassung vorliegt, hat sich zu so etwas wie einem „Klassiker" entwickelt. Der Band bietet einen umfassenden Überblick über die verschiedenen Methoden und Techniken in der Unterstützten Kommunikation. Beispielhaft wird hier der Weg einer Förderung eines nichtsprechenden Kindes dargestellt.
Das Buch enthält sowohl die theoretischen Grundlagen der Kommunikationsförderung bei nichtsprechenden, körperbehinderten Kindern als auch vielfältige praktische Erfahrungen am Beispiel von Nikki. Zahlreiche Abbildungen und Zeichnungen sowie ein umfangreiches Literaturregister und Glossar ergänzen den Band.

ca. 120 Seiten., kart., € 15,50   ISBN 3-86059-135-5

Angelika Rothmayr: Pädagogik und Unterstützte Kommunikation
Eine Herausforderung für die Aus- und Weiterbildung

Welche Fähigkeiten werden benötigt, um mit nicht lautsprachlich kommunizierenden Menschen umzugehen? Welche Lehrinhalte können zur Erweiterung von Kompetenzen im Rahmen von Unterstützter Kommunikation beitragen? Wie lässt sich sonderpädagogische Ausbildung verändern und verbessern? Diesen Fragen geht das vorliegende Buch nach. Die Autorin verbindet dabei eigene praktische Erfahrungen mit neuesten Erkenntnissen der Forschung.

ca. 300 S., kart., € 18,-   ISBN 3-86059-136-3

Ulrike Köster u. Antje Schwager:
„Sprechen kann ich nicht, aber trotzdem alles sagen!"

Schriftsprache stellt die einzige Kommunikationsform dar, mit der sich "nichtsprechende" körperbehinderte Menschen uneingeschränkt und am differenziertesten verständlich machen können. Das vorliegende Buch zeigt, dass der Erwerb der Schriftsprache gerade für diese Menschen eine besonders große Herausforderung und Chance bedeutet.

235 S., kart., € 18,-   ISBN 3-86059-133-9

Margarete Meyer:
Behinderte Kinder am Computer
Der Computer wird in der Förderung schwerst behinderter Kinder immer mehr zum wichtigen Lehr- und Lernmittel. Entsprechend groß ist die Zahl der Computer-Lernprogramme, die in letzter Zeit für behinderte Kinder auf den Markt gekommen sind. Dieses Buch ermöglicht erstmals einen umfassenden Überblick über die unterschiedlichen Programme und deren sinnvollen altersspezifischen und behinderungsgerechten Einsatz. Über 100 Computerprogramme werden vorgestellt.

164 Seiten, kart., € 15,50   ISBN 3-86059-134-7

Handbuch der Unterstützten Kommunikation

Das umfassende Kompendium mit allen Grundlagen der Unterstützten Kommunikation und den neuesten Entwicklungen aus Forschung und Praxis.

Herausgeber sind der von Loeper Literaturverlag und isaac - Gesellschaft für Unterstützte Kommunikation. Mit Beiträgen zahlreicher PädagogInnen, TherapeutInnen, PsychologInnen, WissenschaftlerInnen, MitarbeiterInnen von Vereinen und Verbänden, von Familien unterstützt Kommunizierender und unterstützt Kommunizierenden selbst.

Grundlegende Beiträge und Beispiele aus der Praxis gestalten zusammen einen umfassenden Überblick über die verschiedenen Themenfelder der Unterstützten Kommunikation.
Grundlagenartikel führen die Leserinnen und Leser in die theoretischen Fragen und Forschungsergebnisse des Themas UK ein. Gleichzeitig gibt das Handbuch Einblicke in die verschiedenen Beratungssituationen, den Schulunterricht, in Sprach- und Ergotherapie, in die Arbeitswelt und den Alltag der unterstützt Kommunizierenden. Darüber hinaus werden Curricula und Methoden der Aus- und Weiterbildung sowie die fachliche Arbeit von Vereinen und Verbänden vorgestellt.

Literaturlisten zu jedem Themengebiet, wichtige Adressen und Hinweise auf interessante Medien und Websites liefern umfassende Hintergrund- und Zusatzinformationen.
Mit einer Übersicht über die unterschiedlichen elektronischen Hilfsmittel und Informationen über Rechtsfragen und Kostenübernahme.

Themen des Handbuches u.a.:
Grundlagen Unterstützter Kommunikation - Körpereigene Kommunikation und Gebärden - Nichtelektronische Kommunikationshilfen - Elektronische Kommunikationshilfen - Ansteuerungshilfen und Umweltsteuerung - Facilitated Communication - UK in vorschulischer Förderung - UK in der Schule - UK im Beruf - UK in Familie und Wohneinrichtungen - UK in der Therapie - UK Beratung - Aus- und Weiterbildung in UK - UK Diagnostik - UK in der Forschung - Rechtsfragen und Kostenübernahme - Vereine, Verbände, Arbeitskreise - Kommunikationshilfen - Literatur, Medien, Websites - Adressen - Lexikon der Fachbegriffe - u.v.m.

Handbuch der Unterstützten Kommunikation
1 Band im großformatigen Ordner, ca. 500 Seiten € 29,- ISBN 3-86059-130-4